AVANTURES GALANTES

DE ROSALIE,

FILLE DE JOIE.

Et mon honneur?... je le cherche.

AVANTURES GALANTES

DE ROSALIE,

FILLE DE JOIE,

Suivies des Portraits de quelques jolies femmes de Paris.

Ouvrage traduit de l'Anglais.

Orné de Gravures.

A Londres.

1796.

Vᵉ. année Républicaine.

Aux aimables Danseuses de tous les Théâtres de Londres.

Êtres charmans, êtres volages, autant par goût que par besoin et par principes, c'est à vous que je dédie cet opuscule, qui n'est pas aussi libertin qu'on le croiroit en lisant le titre ; puissai-je, en récompense, obtenir de vous un sourire flatteur. Le sujet que je traite vous paroîtra bien léger, bien frivole. Je n'ai ni la profonde politique des Cécrops, ni des Cromwell ; je n'ai ni l'érudition des Mirabeau, ni des Voltaire ; je n'ai ni la facilité de la Fare , ni de Dorat ; je n'ai ni l'éloquence de Rousseau , ni de Racine ; je n'ai pas non plus la *profondeur* d'Helvétius , ni la vôtre.... ce qui fait que j'aime mieux m'entretenir avec vous d'amour , que de discuter sur l'existence du vers spermatique , ou la possibilité des monades , préférant votre *rigodon* au télégraphe , et votre *flic-flac* à la quadrature du cercle , où je ne comprends rien du tout , tandis que je vois de l'*expression* dans vos attitudes , *des sentimens* dans les contours de vos mouvemens , du talent dans vos pas , et des grâces dans tout ce que vous faites. Apollon règle son rithme sur vous, et ce dieu ne respira musicalement, que d'accord avec vos mouvemens. La puissance de votre pied, peut subjuguer le capitaine le plus terrible, transiger des mesures, assurer le triomphe d'un auteur, émouvoir tout un parterre, troubler le cœur le plus tranquille, fixer le plus volage, échauffer l'ame la plus froide, soumettre les monarques; ou casser un quinquet..... Ah! charmantes Danseuses, que vous avez de moyens de plaire! Comme la délicatesse des récits et la malignité des avantures peuvent être bien saisies de vous, aimables danseuses, je vous offre ce fruit de mes veilles, vous assurant bien que si j'ai envie que quelque chose, qui m'appartienne, soit entre vos mains, c'est encore moins mon manuscrit que.... et je vous jure que si, en pensant à vous, mon livre en est devenu le plus long, vous eussiez eu le même pouvoir sur autre chose, avec lequel je finirois bien volontiers toujours les dédicaces que je vous offrirai.

L'amateur vrai et sincère du beau sexe.

AVANTURES GALANTES

DE ROSALIE,

FILLE DE JOIE.

Je suis folle et jolie, cela me dispense d'observer aucune règle pour écrire mon histoire, et de faire aucun préambule pour annoncer mon origine. Un corps vigoureux, une langue infatigable, joints à beaucoup de probité, voilà ce qui faisoit le mérite de mes père et mère. La qualité de porte-faix, celle de revendeuse, décoroient les noms de *Gille Godeau* et de *Simonne Bouru*, quand ils s'amusèrent à me faire.

Ils ne se doutoient pas alors du rôle brillant que je jouerois un jour dans le monde, et ont été plus de douze années sans le prévoir. Jusques-là je n'avois pas pensé que je fusse vraiment jolie, et que cela dût servir à ma fortune. Je n'avois encore trouvé que quelques jeunes garçons de mon espèce, qui disoient, en me mettant la main sur la gorge : *queux chenus cadets qu'a ste Mameselle Rosalie !* A quoi je répondois par des gestes de coudes et autres pantomimes poissardes.

Tout vient par gradation ; les propos qu'ils tenoient entr'eux, le nom de Catin que j'entendois souvent répéter à ma mère, ou plutôt son synonyme, la nudité d'un ange que je voyois toujours en tableau sur notre cheminée, tout cela, dis-je, me fit raisonner avant l'âge. Je fus curieuse de connoître telle chose, je me doutai de l'usage de telle autre, et je me proposai de m'éclaircir du reste.

A - peu - près dans ce temps, on se résolut à me procurer un état. On fit mille colloques sur tous ceux des femmes; on les trouva, ou trop pénibles, ou trop médiocres pour une fille unique, le pénate de la maison.

Enfin on fit par réflexion, ce que l'on auroit dû faire par jugement; on consulta mon goût, il étoit porté à la coquetterie; je commençois à regarder avec envie les têtes bien coëffées; ne pouvant jouir de cet avantage, je voulus au moins le procurer aux autres. Je demandai à être coëffeuse; on applaudit à mon choix, on l'admira, et on me mit en apprentissage.

J'entrai chez Mademoiselle Villers, fort en vogue alors; elle étoit, comme toutes les femmes de son état, pleine de complaisance pour ses amis, et d'aigreur pour son domestique.

Si la société de cette femme n'étoit

pas bonne, du moins étoit-elle nom-
breuse. Le monde que nous voyons
étoit partagé en deux classes ; le matin
nous allions chez les gens de robe et de
finance ; l'après - midi nous recevions
les *épétiers* et les *porte-collets*.

Ceux-ci furent les premiers dont je
captivai les regards ; elle est vraiment
gentille, se disoient-ils entr'eux ; on la
façonnera, on en fera quelque chose.
Petite, me disoit un abbé, au regard
effronté, à la tête altière, il faut se
tenir droite ; puis il relevoit mon men-
ton d'une main, et appuyoit dévote-
ment l'autre sur ma poitrine. Les conseils qui flattent notre coquetterie sont
ceux que nous suivons de meilleur
cœur. Cent fois le jour j'allois me re-
dresser devant une glace ; elle me con-
firmoit ce que je m'entendois dire con-
tinuellement. Je demeurois persuadée
que j'étois jolie ; mais ce n'étoit pas

sans dépit que j'apprenois qu'il man-
quoit beaucoup à mon ajustement pour
faire briller mes charmes. Je fus la première à trouver un expédient propre à
y réussir; je priai mes compagnes de
se perfectionner sur ma tête. Je choisis
la moins mal-adroite pour faire cette
épreuve. Ce jour est l'époque de ma
vocation mondaine, et je ne puis le
souffler à la postérité.

Il me tarde d'être embellie; je guette
en même temps et le moment de le faire
en liberté, et la personne qui doit le
mieux y contribuer. Nous nous enfer-
mons; je m'affuble d'un grand peignoir,
moins dans la crainte de gâter mes
hardes, que dans la vue de les cacher.
J'arrache la première le triste bonnet
qui avoit toujours enseveli mes beaux
cheveux, je les déploie et les étends
avec complaisance; mais quelle fut ma
frayeur, quand je vis tirer à Mademoi-

selle *Dargentière*, ma coëffeuse, une longue paire de ciseaux. Je craignis de voir tomber sous leur tranchant le précieux ornement de ma tête. Cependant elle m'assura qu'elle n'en vouloit ôter que le superflu ; alors ma peur se dissipa, j'abandonne ma tête à la bonne foi de cette fille, elle coupe, papillote, accommode, et jouit malignement, en me regardant dans le miroir, de l'agitation qui se peint sur ma physionomie. Un moment les larmes couvrent mes prunelles, en sentant tirer mes cheveux, l'autre moment la joie brille dans mes yeux, en voyant les boucles se former. Rosalie, me dit ma compagne, voilà un minois à faire fortune, penses-y bien, mais, ma fille, défais-toi de tes airs communs et de tes basses expressions : les hommes veulent des manières. Je ne l'écoûtai pas alors, je ne m'occupai toute la journée qu'à me re-

garder dans les glaces, à racommo-
der les boucles dérangées, et à étudier
la position de tête qui pourroit le mieux
faire valoir mon accommodage et mes
charmes.

Sur le soir Mademoiselle Villers
rentra chez elle, et fut frappée d'admi-
ration à mon aspect. Cette petite mor-
veuse-là est trop jolie, dit-elle à ses
filles ; aucune de vous n'a une figure
comme celle-là, ajouta-t-elle d'un ton
aigre ; aussi en ferai-je quelque chose ;
j'en veux parler à mon financier : à ces
mots elle se tut, et s'enferma dans un
cabinet pour écrire. Le reste de la soirée
se passa sans autres propos qui parussent
me regarder directement. Elle me dit
seulement de me lever le lendemain du
matin, et de venir lui parler. J'y fus
en effet de bonne heure.

Elle me fit asseoir à côté de son lit,
et me dit : j'ai à vous entretenir de

choses importantes : puis me fixant et me prenant la main, elle ajouta : vous n'êtes pas riche, Rosalie, et il faut profiter des avantages que vous devez à la nature; ce seroit vous en rendre indigne que de ne pas les faire valoir. J'ai dessein de vous obliger, je veux que vous me deviez votre fortune, voyez, ma chère enfant, si vous pouvez correspondre à mes bontés. On a beau dire, soit préjugé ou sentiment, le cœur se révolte d'abord contre ce qui nous écarte de la vertu. Je ne répondis que mollement aux premières offres de Mademoisselle Villers ; je soupirai même, et j'avoue naturellement que mes soupirs n'ont jamais eu une si belle cause.

Il ne s'agit point de faire la sote, reprit la coëffeuse, il faut penser à vous, ma fille, le temps presse, l'occasion se présente, saisissez-la promptement : je la priai de s'expliquer sur ce qu'elle exigeoit de moi, et elle le fit en ces termes.

Monsieur Rondain est le meilleur et le plus riche de mes amis. Il aime les femmes, et se chargera volontiers de vous rendre service, si vous voulez être sage. L'honneur est ce qui m'est le plus cher au monde, lui répondis-je, Madame, et l'on ne me verra jamais y faire faux bon. Ah, l'honneur! interrompit-elle en souriant, puis elle ajouta, allez m'attendre, dans un moment je suis à vous. En effet elle vint bientôt me rejoindre, et s'enfermant avec moi, elle me fit dépouiller de tous mes haillons, et me revêtit d'une robe de Perse à elle, qui me parut être faite exprès pour m'embellir. Mettez aussi ces bas de soye, me dit-elle, tirez-les bien, et nouez vos jarretières sur le genou, autrement vous déplairiez à votre bon ami. On envoya chercher un collier de ruban couleur de cerise, on me mit un joli chapeau, j'eus des gants blancs et des bracelets, en un mot, toute la petite oye de coquetterie.

Il tardoit à la Villers que je fusse habillée pour me montrer à faire la révérence. Enfin elle me força de récidiver cet exercice plus de cent fois, et se plaignit toujours de ce que je m'en acquittois trop précipitamment. Quand votre Monsieur viendra, me dit-elle, il faut courir à lui, l'embrasser, puis vous me laisserez le temps de lui parler en particulier, et lorsqu'il vous rejoindra, vous répondrez poliment à tout ce qu'il vous dira, et vous vous prêterez complaisamment à tout ce qu'il exigera de vous. Ressouvenez-vous de ce que je vous recommande, insista-t-elle, et prenez bien garde de le dégouter : car les hommes sont des animaux qu'il faut amadouer pour mieux les plumer.

La Villers m'instruisoit encore, quand nous entendîmes arrêter un carrosse. Levez-vous, petite fille, me dit-elle ; voici M. Rondain, allez le recevoir à la porte. Qu'est-ce que je dirai à *st-homme*, moi, répondis-je, je ne le connois pas. Sthomme, reprit-elle vivement, sthomme, voyez la petite *pécore*, comme elle parle de quelqu'un qui peut faire sa fortune. Elle l'entendit s'approcher à son essouflement périodique, et m'entraîna au devant de lui. L'instant de la révérence arriva, et je la fis d'autant plus mal que je la voulois faire mieux; mes pieds s'embarrassèrent dans ma robe, et sans la Villers, qui me retint, j'eusse fait une douloureuse génuflexion.

Bonjour, mon enfant, s'écrie en se

jetant à mon col, le massif galant ;
asseyons-nous, je n'en peux plus. C'est
donc là la *créature* en question, re-
prend-il en s'étendant sur un fauteuil ?
Venez ici, mou cœur, puis il frappe
plusieurs fois son genou de la même manière que s'il vouloit appeller un petit
chien. Allez donc, quand Monsieur vous
le permet, me dit la Villers. J'y allai
comme malgré moi ; à peine fus-je assise
sur cet automate parlant, qu'il me
serra dans ses bras, et me donna bruta-
lement mille baisers. Je n'ai rien de
caché pour mon lecteur, je sentis, au
plaisir qu'il y prit, que je pourrois en
prendre moi-même avec quelqu'un qui
me plairoit.

Cela est-il vraiment neuf, dit-il à la
Villers ? a-t-elle ceci ferme ? continua-
t-il, en passant la main dans mon corset. Ho ! Je vous la garantis pucelle....
Ah voyons, reprit-il en faisant d'un

air maussadement galant certaines incursions sur mon individu. Finissez, Monsieur, m'écriai-je, en levant la main sur lui, ou je vous *empogne....* Vous. Ah quelle harangère, s'ecrie-t-il à son tour en se levant. Eh! que veux-tu que je fasse de cela? Mais aussi vous demandez du tout frais, répondit la Villers, où voulez vous qu'on en trouve? ce ne sera pas parmi les bourgeoises, elles en sont venues au point de nous damer le pion.

Allons, allons, cela ne me convient pas, lui dit-il, je te remercie. Il voulut se retirer, mais la coëffeuse le fit passer dans une autre pièce, et lui parla, à ce que je pus entendre, très-vivement.

Tandis qu'ils s'entretenoient, je demeurai immobile dans la même place où je gémis sur mon sort. Je me rappellois les sages préceptes de ma mère, puis je regardois ma robe, et je pleurois de peur de la quitter. Chienne de glu, me disois-je, c'est pourtant là-dedans que l'honneur s'attrape. Mademoiselle Villers repassa dans la chambre où j'étois, et se mit de moitié avec le financier pour me lancer un regard furieux.

Je vis sortir l'un sans regret, et ne vis pas rentrer l'autre de même. Quittez des vêtemens dont vous êtes indigne, me dit mon hôtesse, et remettez tout-à-l'heure vos guenilles. J'avois lû quelque part que la vertu toute nue n'en est que plus belle, et j'eus assez de mémoire pour le dire à la Villers. Taisez-vous, mauvais sujet, me répondit-elle avec son ton acariatre.

Tout cela ne se passa point sans être apperçu de mes compagnes; elles m'entendirent parler de m'en retourner chez mes parens, et m'engagèrent à rompre un projet qui m'éloignoit d'elles. *Mademoiselle Dargentière*, celle que j'aimois le plus, depuis qu'elle avoit flatté ma coquetterie, prit sur elle de me ramener à la raison. Outre qu'elle avoit le cœur assez bon, je m'étois attachée à elle, parce que je lui trouvois de l'esprit, et je l'écoutois volontiers : voici à-peu-près ce qu'elle me dit :

Rosalie, j'ai beaucoup lu, et j'ai vu que tout n'est que système, qu'il n'y a rien de vrai; la même chose a deux faces, et c'est la façon dont on la considère, qui lui donne du mérite, ou qui l'avilit à nos yeux. Cet honneur, dont tu te fais une divinité, parce que tes parens te l'ont donné pour tel, n'est qu'un mot vuide de sens, qu'un fantôme, qui s'évanouit quand on veut s'assurer de son existence. Dis-moi, ma fille, crois-tu que toutes celles qui s'arrogent la qualité d'honnêtes femmes se privent pour cela de plaisirs, ou soient moins exemptes de desirs? Non,

ma chère enfant, tu serois dans l'erreur,
les sens sont de même pour nous que
pour les hommes, et s'il est quelques
femmes qui soient sans amans, c'est
qu'elles n'ont pas assez de mérite pour
en captiver, ou qu'elles sacrifient leur
penchant au préjugé. Va, va, ma mie,
nous naissons avec le goût du plaisir,
et nous nous y livrons presque toutes
par vanité, par tempérament, ou par
intérêt. La femme de condition à un
amant par air, la bourgeoise par amusement, et l'indigente par besoin. La
coquette le recherche, l'hypocrite le
desire, la femme raisonnable le choisit.

De tous les motifs qui peuvent nous
déterminer, l'intérêt est sans doute le
plus sensé ; je te conseille donc d'ac-
cepter ce financier ; il te vengera du
destin et de la fortune. Tu quitteras le
commerce qui t'aura enrichie, et tu fe-
ras mieux que les autres un jour, tu de-
viendras

viendras honnête-femme sans restriction.

Quoi, *mameselle :* lui dis-je, l'honneur n'est donc pas *pu* sacré que les reliques de saint Ovide, pourquoi donc que tous mes parens en ont fait tant de cas ? c'est qu'ils ont été dupes du préjugé ; mais toi, tu serois bien folle de rejeter ta fortune. Dis-moi un peu, quelle comparaison y a-t-il à avoir en idée cet honneur chimérique, et ne pouvoir se revêtir que d'un méchant casaquin de siamoise, ou se défaire d'un préjugé, pour se décorer des plus beaux ajustemens, avoir des meubles magnifiques, des bijoux éblouissans, une femme de chambre, des laquais, un carosse ! *Oui-da,* m'écriai-je, je pourrois avoir un carosse ? Mais, répondit-elle, celui de M. Rondain, dès demain est à toi si tu veux l'écouter. Et pourrois-je le montrer dans mon quartier ? qui

B

t'en empêcheroit ? Cependant je ne te
le conseillerois pas, il est inutile d'é-
clater ; il y a donc *queque* anguille
sous roche ? Insistai-je, puisqu'on ne
peut se *carer* de çe qu'on a. Il n'y a
rien autre, reprit-elle, sinon que tu serois blâmée des gens assez bouchés pour
croire que c'est un mal. *Eh ben*, Mademoiselle, pour les attraper, nous
leur en soufflerons la connoissance.

La *Dargentière* me crut persuadée,
et me demanda si je voulois recevoir
M. Rondain. Oh pour *ça* non, répondis - je, je ne veux de lui que le carosse. Tu raisonnes comme un enfant,
me dit-elle ; figures-toi que tout cela
est comme l'amorce qu'on met au bout
d'une ligne, il faut la toucher pour
l'enlever. Mais, *pardine*, Mademoiselle, repris - je encore, je ne pourrai
jamais me résoudre à aimer sthomme-
là, il est gros et court, il a le front

étroit , les yeux petits , la bouche grande , les joues plates , le rire bête. Ne t'en dégoute pas, interrompit-elle , il est comme presque tous ceux de son espèce. Eh bien donc, je n'en aimerai aucun. Mais qui te dit de l'aimer ? faut - il s'attacher aux gens pour les ruiner ! Si tu veux te prendre d'amour , tu choisiras quelqu'un qui en vaille la peine et que tu payeras pour t'amuser ; mais tiens, Rosalie je ne te le con- seille point , cela cause trop de soucis et de peine. Nous autres filles du monde, nous ne devons penser qu'à plaire et non à aimer.

Figure - toi qu'il est deux sortes d'a- mans ; pour la plupart ils sont trom- peurs , et ne cherchent qu'à se satis- faire. Il en est d'une espèce assez rare , que j'appelle amans romanesques. Ceux-ci se prennent , disent - ils , de senti- ment ; et vous font acheter ce grand mot par des soupirs, des larmes, des reproches, des excuses, er mille autres extravagances. Défies-toi également des uns et des autres. Vis libre, ma fille, et ne pense qu'à toi.

Le commerce que j'eus avec cette demoiselle et la spiritualité de ses conversations me la firent connoître pour une *fille* de *famille* qui s'étoit mise chez la Villers, moins pour se procurer un talent, que pour flater son libertinage. Je la remerciai et fus réfléchir sur tout ce qu'elle venoit de me dire. Je repassai aussi les anciennes leçons de ma mère; mais elles étoient dans l'éloignement du tableau, et les diamans, comme le carosse, en faisoient le sujet principal.

De si riches idées répandirent un air de satisfaction sur ma physionomie, qui lui attira de nouveaux admirateurs. Dès la même après-midi, mon abbé, un garde du roi, et un jeune avocat me firent les doux yeux. Le garde monta la conversation sur le ton qui convenoit à un homme de son état, l'abbé la soutint de même par goût, et l'avocat par occasion. On me prit les mains, on m'embrassa, ou... que sçais-je? on fit maintes folies. Cela dura ainsi pendant plusieurs jours; et j'étois charmée que ces sortes de distractions me dédomageassent des mauvaises humeurs de mademoiselle Villers.

J'appréhendois cependant fort un matin qu'elle vint me harceler de nouveau; mais au contraire, elle me dit, en ouvrant les rideaux de mon lit : Rosalie, voici une lettre qni s'adresse à vous. Je l'ai toujours conservée, et je la rapporterai fidèlement au lecteur.

MON ENFANT,

« Un jeune étourdi vous conteroit

B 3

» mille sornettes inutiles ; mais moi, je
» puis vous compter cent louis ayant
» cours pour coucher avec vous. Je suis
» franc en amour , je parle clair et
» vous dis tout rondement que je vous
» trouve à mon gré, et que je m'appelle
» R o n d a i n. »

Sans trop avoir d'idées de délicatesse, je trouvai ce poulet fort grossier. Je le fis remarquer à la Villers. Elle me dit que je devois le regarder comme une lettre de change , dont on ne fait cas que jusqu'à ce qu'on en ait touché la valeur. Elle m'invita à profiter de ces heureuses dispositions.. Je fus cette fois moins caustique , et plus sensible aux appas qu'elle m'offrit.

J'éprouvai ce jour - là , un mouvement qui m'avoit été inconnu jusqu'à-lors. Je reprochai intérieurement à mes trois courtisans de ne m'avoir jamais écrit. Le garde - du - corps sur - tout me paroissoit le plus blamable. Il étoit le mieux partagé du côté de la taille et de la figure : de là l'on doit voir pourquoi je lui pardonnois moins qu'aux autrès.

Ce qui le rendoit criminel, le rendit excusable ; il reparut à mes yeux et récidiva les folies qui me le faisoient aimer, l'abbé continua aussi ses privautés ordinaires. Pour l'avocat, il étoit encore dans l'âge ou la timidité tient lieu de mérite, il m'exprimoit son amour par des soupirs.

Il est malheureux que ces sortes d'amans ne parviennent qu'à nous divertir ; car il faut convenir que ce sont cependant ceux qui ont le plus de complaisance. Ce pauvre jeune homme me venoit voir trois fois par jour, m'apportoit tous les matins un bouquet, faisoit autant de vers que de soupirs pour moi, habilloit ses tendres déclarations de toutes les manières , ballades , ron-

deaux, acrostiches, stances, chansons...
comment donc, j'en ris encore quand
j'y pense, il m'a appris à rimer. Il m'a
donné du goût pour les lettres, en un
mot, il est cause, qu'en dépit de tous
les Aristarques, je donne mon histoire
au public. Si je ne l'aimai pas par goût,
du moins le souffris-je par intérêt. Je
sentois la nécessité de parler français,
et je lui permis de me le montrer.

Mais il me paroît que le plaisir de
m'entretenir de mes jeunes gens, me
fait long-temps oublier mon Financier.
On me l'introduisit le surlendemain de
la lettre, dès le matin dans ma chambre.
J'étois encore au lit, il entra en mar-
chant pesamment sur la pointe du pied,
puis se jetant à corps perdu sur moi, il
m'embrassa à sa manière : cette gros-
sière courtoisie m'éveilla en sursaut, je
fis un cri affreux ; cela attira du monde
dans ma chambre , monsieur Rondain

demeura déconcerté, et le fut encore plus en me voyant habiller. En vain voulut-il recommencer ses tentatives. Je ne me rappelle pas, sans rire, qu'il avoit la balourdise de me répéter toujours à l'oreille, j'ai les cent louis sur moi, et que j'avois la simplicité de rougir de ses offres.

Lassé de mes refus obstinés, il fut porter ailleurs sa mauvaise humeur, et me laissa reprendre ma bonne. L'affluence et l'assiduité de mes courtisans la rendoit de jour en jour meilleure. *Saint-Frai*, mon garde-du-roi, y mit le comble, en s'expliquant naturellement sur sa passion. Il le fit d'une manière enjouée et cavalière, qui en général plait plus aux femmes que les soupirs langoureux.

Cela me mit à portée de lui parler des persécutions de monsieur Rondain. *C'est une éponge à presser au besoin,* me dit mon amanr, et loin que je croye que cela puisse traverser nos amours, je pense au contraire que cela ne doit que le soutenir. Le bon-homme payera les violons et nous danserons pour lui. Prends ce *Gonze*-la, ma chère Rosalie, ajouta-t-il, en m'appliquant un baiser voluptueux sur les lèvres. Ce baiser fit passer le plaisir dans mon cœur, et la volupté dans mes yeux. Je soupirai, et me laissai aller nonchalamment sur *Saint-Fraï.* Il me saisit dans ses bras, m'assit sur ses genoux, me passa une main dans la gorge, et mit l'autre en meilleure place. Ah, Monsieur, que faites-vous? dis je en bégayant: ce que je dois, ma fille, répond il en riant et me portant sur le meuble le plus utile de la maison. Finissez, m'écriai-je. Il me clôt la bouche de la sienne; puis il se met en devoir de s'excuser par la faute même. Eh, mon honneur? ... je le cherche , dit *Saint Frai* , en riant , puis il reprend , l'honneur n'est rien , ma fille , l'amour est tout. Il me le prouva vraiment , et jamais preuves n'ont été plus sensibles.

Je fus très surprise de voir cet amant répondre à mes pleurs par des éclats de rire, en se retirant de mes bras. Méchant, vous riez de ma foiblesse ! .... non parbleu, je ris de ton ignorance , tu as fais cela comme si tu avois eu à faire à ton financier. Ce qu'il me disoit étoit de l'algèbre pour moi. Mets-toi là , me dit-il, que je t'instruise. Je m'assis sur lui, et il m'apprit les différents exercices amoureux dont nous devions nous servir , suivant les espèces de gens à qui nous avions affaire. L'entreteneur devoit être traité avec plus d'égards , le favori avec plus de passion, le vieillard avec plus de travail, l'homme à sentiment avec plus de difficulté. Il faut

mettre de l'art dans tout , dit ce singulier maitre , et chaque métier a son esprit. Je te verrai souvent, compte que
je prendrai soin de t'instruire , et de te
faire répéter tes rôles. Je le vois prêt à
me quitter ; je saute à son col et lui dis :
vous m'abandonnez déja , *Saint-Frai*.
Tu n'es pas la seule affaire que j'aye ,
répond-t-il en pirouettant. Adieu, Rosalie , pense à notre fortune.

Ce jour étoit celui de mes conquêtes.
Le garde-du-corps fut à peine sorti, que
le porte-collet entra. Il m'apportoit un
bouquet, et se chargea lui-même du
soin de le placer. Je refusai d'abord;
mais on pense bien que je n'avois plus
la force de résister. Je me laissai aller
sur une bergère, l'abbé en fit autant,
persista dans ses hardiesses et vainquit
ma résistance.

Non, ma petite, je ne te quitte pas,
il faut que je t'apprenne ce que c'est que

le

le vrai bonheur, -- je veux me défendre,
mais c'est en vain, déja il avoit à moitié
délacé mon corset, mon mouchoir n'é-
toit plus sur mon col ; à son aise, il con-
temploit, baisoit mes tétons ! — Ah,
ma mie, sens-tu comme moi le feu qui
me dévore? — mes efforts sont inutiles,
il est déja arrivé au lieu des plaisirs,
les baisers et toutes les attitudes que les
amans ont inventées allumèrent en lui
une flamme si violente, que me serrant
étroitement, il donnoit à sa passion tout
l'essort possible. Rien n'étoit à l'abri
de ses regards. Il auroit été ridicule
dans une amante d'affecter une pudeur
mal placée ; aussi je le laissai satisfaire
sa curiosité sans aucune répugnance.
Nous réitérâmes quatre fois ce jeu déli-
cieux, j'étois contente, rien ne pouvoit
égaler ma félicité, et dans l'extase de
mes jouissances, je m'écriai . . . non,
non le véritable bonheur, ce bon-

heur si recherché des mortels ne peut exister que dans les bras d'un amant chéri.

Pour peu qu'une femme ait de penchant à la coquetterie, c'est moins l'amant en lui-même que la figure et l'ajustement qui la séduisent. L'abbé *Mignard* étoit la plus jolie poupée que j'aye vue, une physionomie fine, un œil voluptueux, un sourire malin, une taille élégante, des manières agréables lui servoient de recommandation auprès du sexe. De l'esprit il en pétilloit, personne n'en avoit plus que lui. Chaque jour, avec un charme sans cesse nouveau pour moi, il me racontoit les nouvelles du jour.

Il joignoit à tout cela, comme ceux de son espèce, une propreté scrupuleuse, des propos frivoles, et un ajustement galant. Il n'en falloit pas tant pour me séduire, je le fus en effet, et nous nous donnâmes plus d'une preuve de notre amour.

Il ne me restoit plus rien à faire, mon amant portoit une calotte ; je lui proposai des scrupules. Je ne sçais s'il dut la force de ses raisonnemens au fruit de ses études, ou à l'esprit de son état ; mais je lui rends la justice de convenir qu'il leva mes doutes, détruisit mes principes, et me débita une morale aisée, mieux que n'avoient fait Mademoiselle *Dargentière* et *Saint-Frai*, mieux même que n'auroit pû faire l'athée le plus décidé.

Il y a si peu de différence entre le rôle qu'il joua avec moi, et celui du garde, que je n'entreprendrai point de le rapporter. Je m'empresse de le congédier ponr introduire mon Avocat qui le remplacera d'une manière assez plaisante à nous autres femmes du monde, pour être décrite. J'essaye de faire son portrait avant.

Une tête immobile soutenoit avec soin de longs cheveux artistement accommodés et plaqués sur les hautes épaules de ce jeune homme. Un habit d'un noir lustré, un bout de jabot arrangé en cœur, de longues manchettes décoroient ce grave personnage. Il eut la complaisance de sourire en entrant, et prit la peine de soupirer à mon approche. Hélas! bon jour, ma chère, me dit-il d'une voix langoureuse ; comment vous portez-vous? fort-joliment, répondis-je sur le ton badin qui m'étoit naturel, et qui convenoit à mon nouvel état. Vous riez! reprit-il, en portant ses bras nonchalans sur mes mains, pouvez-vous bien rire, quand je me meurs? vous mourez, répondis-je, Et de quoi donc, s'il vous plait? d'amour, ma reine . . . *bas*, vous badinez, moi j'éprouve tout le contraire, mon goût pour la vie s'accroit, avec mes dispositions pour l'amour.

Eh quoi, cruelle, vous avez la barbarie de me l'avouer! Non, je ne croirai jamais que ce ne soit que des dispositions. Le fait n'est que trop réel. Vous aimez, tout me l'assure, votre age, vos regards. Mais qui m'assurera que je suis l'objet de votre amour? *Ah dame* vous m'interloquez, je n'en sçais pas si long que *tout-cà*. Voyez, reprit ce langoureux amant, si vous daignez me faire de pareilles questions! Oh dieu, m'écriai-je, *stumour-là* est un *cathéchisme*. Eh ben, Monsieur, comment m'aimez-vous, s'il vous plait? De tout mon cœur, de toute mon ame, répondit - il vivement en se jetant à mes pieds. Oui, belle Rosalie, vous m'occupez tout entier. Je vous suis attaché par le lien le plus délicat, l'atteinte la plus forte ! Je vous aime, je vous adore par sentiment.

Comment, mais *c'est un sort que tout çà* , répondis-je , et que faut-il que j'y fasse ? ce qu'il faut que vous fassiez ! ce que l'amour inspire , ce que mon cœur désire , ce que mes yeux expriment... Allons , ma chère Rosalie, jurez moi que vous m'aimez et que vous m'aimerez toujours... Ne vous opposez plus à mon bonheur , mettez-le à son comble. J'ai toujours eu le cœur tendre , l'expression langoureuse de ses yeux excita ma pitié , j'allai nonchalament au premier champ de mes victoires. Il m'y suivit , et se mit en devoir d'en remporter une avec moi ; mais le pauvre diable avoit glacé son courage ; on n'auroit jamais soupçonné qu'il en fût même susceptible. Cette découverte ne me satisfit pas trop. Je cherchai à me rendre la victoire personnelle, j'y mis du mien, il s'y aida de son mieux, et notre attente fut aussi longue que vaine.

Je me rappellai les leçons de *Saint-Frai*, j'opposai des difficultés, mais elles vinrent trop tard et n'eurent qu'un mauvais succès. Enfin je me déterminai à traiter mon athlète en vieillard, et je ne fus pas plus heureuse.

La coquetterie nous est naturelle, j'éprouvai du dépit sans réfléchir sur l'affront. Je quittai la place, et fus m'asseoir à l'autre bout de la chambre. Mon pauvre avocat s'appliqua d'abord à ensevelir sa honte, se tint quelques instans contre une fenêtre, et vint me demander si j'étois toujours fâchée. Je lui répondis par un de ces gestes de coude que je conservois encore de mon premier état.

Pour se disculper de sa faute, il usa

de ces belles phrases, dont les femmes
ne sont plus dûpes, et qui ne firent
pas plus d'impression sur moi que sur
une autre. Il se retira aussi mortifié
que j'étois piquée, et promit de faire
tout au monde pour réparer ses torts.
Un pareil évènement me donna beaucoup de défiance sur le compte du Financier ; cependant je ne pus refuser
aux sollicitations de mademoiselle Villers de recevoir encore une de ses visites
du matin.

Je ne sçais s'il attendoit sa victoire
de son mérite, ou si la coëffeuse la
lui avoit fait espérer, mais il avoit
l'air aussi maussadement conquérant
que peut avoir un homme de sa sorte.
A la fin je te tiens, mé dit-il en m'em-
brassant. Me mettrai - je là, me demanda - t - il avec des yeux étincelans ?
Allons tout cela est à moi, moyen-
nant les cent louis, et en vérité c'est

bien payer , ajouta-t-il en permettant certaines libertés à ses mains. Je fis quelques résistances autant par manège que par dégoût. Comment, tu joues le scrupule, s'écria-t-il, oh la folle ! à quoi tout cela mène-t-il ? il en faudra toujours venir-là, me persuaderas-tu qu'une femme puisse tenir contre cent louis ? Rosalie , ma fille , dépêche-toi , je sens.... je sens.... qu'il faut... à ces mots il s'interrompoit, appuyoit sa tête contre mon sein , me lançoit un regard enflammé , et me disoit en grimaçant un sourire , cent louis et du plaisir, tu refuserois tout cela ! Il agissoit déjà comme s'il eût été persuadé du contraire. Pour moi , mon antipathie faisoit honneur à mon rôle. Je défendois avec autant de rigueur qu'il attaquoit; mais soit que ce rôle ne nous soit pas naturel, ou que sa persévérance fût opiniâtre , il remporta une victoire dont il me paya les palmes.

La Villers ne manqua pas d'exagé-rer le bonheur du Financier ; on parla de l'assurer, on prit des mesures à cet effet en déjeûnant.

Dès le lendemain je changeai d'é-tat, de demeure et de nom ; je fus Madame en un mot, et Madame à laquais, à femme-de-chambre. On pense bien que je soutins, comme de coutume, l'orgueil de mon nouvel état. Valets, amis, parents, tout fut traité avec la hauteur, et la suffisance la plus décidée.

La vanité fut ce qui m'occupa les premiers jours de ma fortune ; je les employai à faire des acquisitions qui pussent sinon me satisfaire, du moins flatter mon ambition : mais la volupté a bien autant d'empire sur les femmes de ma sorte que la coquetterie. Je commençai à m'ennuyer de l'absence de mon Garde-du-roi. Je pouvois lui écrire, ou l'aller voir ; l'un et l'autre avoit des difficultés, mais le plaisir devoit être le prix du dernier expédient, je m'y arrêtai. Je m'habille de grand matin, j'allie sans goût le négligé avec la parure. Je prends un fiacre, je lui donne l'ordre à la porte pour le Palais Marchand, et je le change en route pour aller chez Saint-Frai.

Il ne m'attendoit pas, et se dédommageoit de mon absence dans les bras d'une grisette. Quel coup de théâtre pour moi ! j'arrive, j'ouvre les rideaux du lit, et je me vois sacrifiée à une petite fillette. Oh scélérat ! dis-je à Saint-Frai, est-ce donc ainsi que vous m'aimez ? Il s'éveille, se frotte les yeux, me regarde, et se retourne du côté de sa compagne : je vous le disois bien que ma foiblesse me seroit funeste, lui dit-il, puis il se lève avec promptitude , et vient se précipiter à mes genoux. Son attitude et son négligé m'intéressent en sa faveur, mais sa trahison et la présence de ma rivale renouvellent mon courroux.

Cependant il persiste à me faire ses excuses, il me prend les mains , les couvre de baisers et de larmes. Je vois percer tout à - la - fois dans ses yeux l'expression du sentiment avec celle du plaisir. La dernière, on le croira sans peine, fut celle qui me toucha le plus. Il s'en apperçoit, se relève, et me dit : Rosalie, tu est bonne, je t'aime, que de raisons pour me pardonner ! en disant ces mots , il me pousse contre la commode, il m'y suit, et j'ai la satisfaction de jouir de mon triomphe en présence de ma rivale.

Outrée de dépit, et chargée de confusion, la grisette s'habille à la hâte, nous regarde avec fureur, pousse des soupirs, murmure tout bas, et se retire. Sa disparate nous procure le moyen de sceller notre réconciliation de mille plaisirs. Saint-Frai veut faire succéder ceux de la table à ceux de l'amour. Il fait galament les honneurs d'un déjeuné dont il me laisse tout uniment faire les frais. Le Condrieux couloit déjà à grands flots quand nous fîmes monter des huitres.

Dieux ! quelle fut ma surprise à l'aspect de celle qui les portoit : une huitre à la main, le coude appuyé sur la hanche, l'œil couvert, le col avancé, elle me regarde et fait, en admirant ma parure, des exclamations aussi burlesques que triviales.

Ma vanité étoit trop mortifiée en cette rencontre, pour avoir la force de soutenir la conversation. Respectez Mademoiselle, reprit impudemment Saint-

Frai, ouvrez vos huitres, ma mie, et laissèz-nous en paix. Rosalie est *magniéce*, s'écrie la harangère en fureur, et je prétends qu'elle *détale*.

Sors d'ici, vile créature, reprend mon amant, en allant à elle. Arrêtez, lui dis je, Monsieur, cette femme est ma Tante ! Celle-ci lui fait défi d'avancer : le Garde redouble de colère, moi d'attendrissement , et l'harangère d'impertinence. Cependant les droits du sang l'emportent, je me mets entr'eux , je fléchis le courroux de mon amant, j'excite la tendresse de ma Tante , nous nous remettons assez pour pouvoir parler d'une manière énergique.

Asséyez - vous là , je vous prie , lui dis-je après m'être un peu recueillie , et en lui versant un verre de vin, et écoutez - moi. Tenez , ma tante *Charlotte*, à Rome on a des pardons pour de l'argent, serez vous pis que le pape?

me refuserez-vous le mien pour quatre louis ? Allez, allez, ma pauvre Tante, quand vous irez en marchandise, on ne vous demandera pas d'où vous vient cet argent-là, il vaut tout autant que celui d'un autre. Oh c'est encore vrai, dit la poissarde en soupirant et en avalant un verre de consolation, mais Rosalie, c'est pourtant *ben dur* de n'avoir qu'une gnièce et de la voir *fille joyeuse*. Et puis, que dira ta mère ? Ah, j'ai bien pensé, repris-je, qu'en considération de mes quatre louis vous garderiez le secret. Elle entra dans le détail de la cherté de la marchandise, de la rareté de l'argent et me fit entendre que mon secret valoit au moins six louis. J'en passai par où elle voulut, et je lui achevai la somme sans marchander.

Ma Tante but, se grisa, jasa, et les confidences que nous dûmes à son ivresse prouvèrent ce que mademoisele Dargentière avoit avancé sur le compte des femmes. Elle ne sortit pas sans nous laisser dans la vive persuasion qu'elle avoit fait dix fois en sa vie, par occasion, ce que je faisois alors par goût.

Je quittai aussi *Saint-Frai*, après être convenu avec lui des moyens de nous revoir. En rentrant chez moi je trouvai mon Financier qui s'impatientoit fort de mon absence. Il me la reprocha et me fit sentir crument que j'étois payéepour l'attendre et l'amuser.

L'art de dissimuler si naturel aux filles du monde, secondé dn peu de leçons que j'avois reçues chez la Villers, m'aida à lui en imposer par quelques menteries et à le désarmer par maintes caresses ; il les voulut payer des siennes; mais je les éludai de manière à lui faire croire que c'étoit pour le punir des soupçons d'infidélité qu'il avoit osé former sur moi.

Il prétendit au moins me faire chanter pour se dédommager par cette petite complaisance de celles que je lui refusois. Je chantai à ma manière, c'est-à-dire sur un ton, et avec un air poissard, dont je n'avois encore pu me défaire.

Il te faut un maître de Musique, petite, me dit-il, car il est affreux qu'étant à moi, tu chantes de cette manière. Je t'en enverrai un tantôt. Adieu. Rends-toi digne de mes bontés, et sois sage.

Notre façon de penser, et le cas que nous faisons des gens déterminent celui que nous devons faire de leurs conseils ; d'après cela on juge bien que je ne prêtai aucune attention à ceux de monsieur *Rondain*, je me proposai même au contraire de me dédommager de l'ennui qu'il me causoit par d'agréables passe-temps ; j'y pensois encore lorsque j'en-

tendis sonner à ma porte : on le fit avec
tant de bruit que j'y courus la première.
Un commissionaire rusé me demanda un
nom inconnu et me glissa un papier dans
la main : je répondis adroitement à ses
questions et je rentrai pour lire ce billet.

C'étoit la lettre la plus ensentimen-
tée que pût m'écrire mon pauvre Avocat ; il me demandoit un entretien particulier dans des termes respectueux à
faire mourir de rire. Le simple respect
est une foible recommandation auprès
d'une femme de mon espèce. Je voulus
cependant mettre mon triste galant à portée de m'offrir quelque chose de mieux,
je lui donnai un rendez-vous pour le
soir même, et je me parai dès-lors de
manière à le forcer de réparer ses torts.

J'étois encore occupée de ma parure
quand on m'annonça mon maître de
musique. C'étoit l'homme le plus ma-
niéré, l'être le plus frivole, en un mot

le maître le plus à la mode qu'on pût
avoir. Ce jour, il ne me montra que la
game, et la musique fut ce qui nous occupa le moins. Tout en me donnant ma
leçon il me dit les folies et les impertinences requises, passa de-là aux privautés les plus décidées ; l'obtention de
nos faveurs est approchant comme le
prix de la bague, c'est en tournoyant
qu'on l'obtient, ce fut de même que
mon musicien obtint les miennes : il ré-
péta négligemment ses leçons, et nous
répétâmes exactement nos plaisirs.

Ils ne firent aucun tort à ceux que je
me procurois d'ailleurs. Entrainée par
cette idée de plaisirs qui fut long-temps
le mobile de mes actions, j'ai négligé
de rendre compte de la visite de mon
Avocat ; elle m'avoit couté assez d'ap-
prêts pour être rapportée.

Enfin , me dit-il, Mademoiselle ,
vous avez immolé l'honneur à l'intérêt,

vous voilà au rang de ces filles dont les
charmes deviennent un honteux trafic.
J'étois nonchalament couchée sur mon
canapé, et j'écoutois avec un air moc-
queur les leçons de mon triste galant.
Croyez-moi, Mademoiselle, reprenoit-
il d'un ton de prud'homie, le vice n'a
jamais qu'un succès passager, il est
toujours trop peu réfléchi dans ses des-
seins, trop peu prudent dans leur éxé-
cution pour mener à un bonheur solide.
Dites-moi, mon cœur, continuoit-il en
me regardant avec pitié, pourquoi avez-
vous pris ce parti? répondez-moi, ma
chère amie .... parce qu'il m'a plû, lui
dis-je avec cet air mutin que nous em-
ployons pour charmer et persécuter les
hommes. Mais encore un coup, où voulez-vous que cela vous mène? .... où cela
pourra. J'aime qu'on m'amuse, et non
qu'on me sermone. Il alloit encore ré-
pliquer, quand je lui dis, en me levant :

n'aviez-vous que ces propos à me tenir ?
Il m'arrêta et me dit : mon cœur en auroit
mille autres à vous adresser, belle Rosalie, mais il craint de vous trouver re-
belle à ses desirs.... Allez, Monsieur ,
vous n'êtes qu'un écolier, ce sont des
risques qu'on doit courir impunément...
Ah, Mademoiselle, je vois bien que
vous ne connoissez pas le sentiment, il
nous rend timide auprès de l'objet de
notre amour. Ma foi, Monsieur, repris-
je, je vois moi que ce seroit une fort
mauvaise connoissance , et j'éviterai
toujours de la faire ; c'est pourtant ce
qui raréfie et sublimise l'amour , dit
encore l'Avocat.

Je croirois volontiers que les ri-
chesses défrichent l'esprit. Je commençois à raisonner bien ou mal , voici
comme je le fis alors : Monsieur, je tiens
de gens qui en sçavent plus que moi,
que l'honneur et les sentimens ne sont

que de grands mots qui ne signifient rien:
cela s'accorde assez avec ce que je vois
et ce que je pense, je m'en tiens là.
Que vous soyez amoureux de moi par
sentiment ou sans sentiment, il n'en sera
pas moins vrai de dire que vous aurez
les mêmes desirs; que quand ils seront
satisfaits, les choses auront leur cours
ordinaire; ainsi, mon cher, sans tant de
subterfuges, ne vous mêlez point de
mes affaires, si vous voulez avancer les
vôtres. Quoi, s'écria-t-il, il ne me sera
pas permis d'inspirer de la délicatesse à
la personne du monde à qui je voudrois
en voir le plus! Tenez, mon bon ami,
repris-je, tout cela se réduit à deux
points; il vous sera permis de m'aimer
tant que cela ne vous génera pas, et
il me sera loisible d'en faire autant,
ou de ne le pas faire suivant mon goût
ou mon caprice. D'où vient faut-il,
reprit-il en soupirant, que vos rigueurs

soient de nouvelles chaines pour moi !

J'ai toujours eu plus de goût pour l'amour badin que pour l'amour larmoyant; je me levai et courus d'un pas léger pirouetter devant la glace. Je chantai les sept nottes de musique que je sçavois, je regardai mon singulier galant, je lui fis un sourire, je raccommodai mes girandoles et lui demandai ce qu'il en pensoit, ne suis-je pas charmante, continuai-je en me caressant, et en relevant mon estomac hors de mon corset?

Cette glace, reprit-il, ne peut vous en donner de plus grande certitude que mes yeux et mon cœur. Je m'en doutois bien, répondis-je encore sur un ton folâtre, tout le monde me l'assure... Et sans doute que tout le monde vous dit aussi qu'il vous aime, mais en vérité, ma chère Rosalie, personne ne peut le faire avec plus d'ardeur et de délicatesse que moi, personne ne pour-

roit vous en donner des preuves plus
sensibles. . . . A ces mots je lui jetai un
regard ironique qui lui coupa la parole.
J'allois la reprendre quand il fit un de
ces soupirs où le désir a plus de part
que le sentiment. Ce soupir ne fut que
le prélude d'un tendre baiser, qui ache-
va de me désarmer, ou plutôt de m'attendrir ; je m'abandonnai nonchalament à la conduite de ce jeune homme:
il me fit asseoir sur mon ottomane, il
y joua encore quelque temps le rôle d'é-
colier, et ce rôle tout sot qu'il étoit me
parut ne me préparer que des plaisirs
plus vifs ; ils le furent en effet, ce singulier combat du plaisir et du sentiment, qu'il lui plaisoit de mettre en jeu
en cette occasion, tourna au profit de
la volupté, et l'amant dut à ma lubricité un bonheur qu'il crut devoir à son
mérite. Il y a bien des dupes de cette
espèce !

Les

Les hommes s'aveuglent aisément sur leur mérite ; celui - ci voulut encore me donner des preuves du sien , mais je craignis qu'il ne se mît en défaut, je voulus lui en épargner l'affront ; je ne le fis cependant pas sans lui lancer quelques désespérants sarcasmes à ma façon. Ils lui firent reprendre son sérieux et la porte ; c'étoit tout ce que je voulois de lui.

Les ouvriers qui travaillèrent bientôt après chez moi , soit pour l'ornement de ma maison ou pour ma parure, me forcèrent à faire trève aux plaisirs réels, je m'en dédommageai par ceux de spéculation , et je lus en très-peu de temps toute la bibliotèque des libertins , et les romans de messieurs Lametterie , Diderot et Crébillon , m'aidèrent à faire un cours complet et rapide de volupté ; je leur dus l'art de rafiner et de créer les plaisirs , de faire remplacer les

D

sens par l'esprit, ou la réalité par l'i-
magination. Mon musicien et mon garde-
du-roi furent les premiers qui jouirent
du fruit de mon étude ; mais l'Abbé fut
celui qui en tira le plus. Il étoit naturel
qu'il fût le mieux partagé, puisque c'é-
toit à lui que je devois et les livres
et les leçons qui m'avoient si bien ins-
truite.

Pour mon financier il étoit trop rond
en tout, pour être sensible à tant de ra-
finement. Il s'occupa de toute autre
chose. Il me crut assez formée pour
m'afficher dans le monde comme lui ap-
partenant. Il me mena au Palais Royal,
à l'Opéra et au bal.

Tout est singulier, tout est propre
aux avantures pour une fille qui débute
dans le monde. Je n'offrirois rien de
nouveau au lecteur en lui faisant le
tableau des êtres ridicules qui vont se
montrer dans ce jardin, et peut-être

même ce tableau lui déplairoit - il d'autant plus, qu'il pourroit s'y reconnoître pour un des principaux personnages. Je passe donc à ce qui m'intéresse particulièrement. A peine fus-je assise dans le cercle des femmes à la mode, que je vis venir un groupe de petits - maîtres ; ils m'avoient lorgnée du bout de l'allée. Ils nous abordèrent en ricanant ; entre mille propos galamment impertinents de ces messieurs, je me rappelle ceux d'un d'entr'eux, qui m'intéressent d'autant plus, que je me promis dès-lors de l'avoir bientôt sur mon compte. Eh bien, mon pauvre Rondain, dit-il à mon Monsieur, en lui frappant sur l'épaule, c'est donc cette petite personne - là qui est la souveraine de ton cœur ? Je t'en fais mon compliment, elle est d'une beauté à ravir, elle est faite pour faire tourner la tête à tout l'Univers. Mais, mar-

quis , disoit - il en s'appuyant négligemment sur un de ceux qui l'accom-
pagnoient , de grace admire - moi ce
minois-là , c'est une divinité ! c'est un
prodige ! un miracle ! Ah parbleu ,
cela vaut mieux qu'un Rondain. Puis
il s'approchoit de moi et me demandoit
à l'oreille : combien vous donne par
mois notre Midas ? A cela je rougis-
sois , sans doute moins par pudeur que
par décontenance. Ah , ah , ah , re-
prenoit - il , elle sçait encore rougir ,
parbleu la découverte est bonne ! allons , mon cher Rondain , il faut que
tu nous donnes à dîner , et que ce soit
chez la petite. Mon Financier parut
d'abord embarrassé ; mais quelqu'un
lui fit entendre adroitement qu'un
butor comme lui ne pouvoit refuser
l'honneur de traiter un homme de condition. Il l'accepta , et nous revînmes
chez moi avec ces Messieurs.

Je ne laissai pas d'être surprise de voir, par leur façon de considérer ma maison, que quoiqu'elle fût fort belle à mon avis, elle parût très - médiocre au leur. On n'attendit pas le dessert pour sabler le champagne, on prétendit qu'on étoit d'un lourd à assommer sans l'usage de cette boisson, qu'elle rendoit les esprits *volatils*, qu'elle opéroit des effets merveilleux, quand on en faisoit habitude; on en but, et l'on m'engagea à en boire plus que de besoin, suivant les belles manières; on brusqua le dessert pour se livrer à des plaisirs plus libres. On se leva de table, on se dispersa dans les appartemens. Le comte de G** (le même dont je viens de parler) fut le seul qui ne me quitta pas; il se mit près de moi sur mon canapé favori, prit une de mes mains dans les siennes, la porta plusieurs fois à sa bouche, la

baisa, et me dit : sçavez - vous bien
que je vous aime à l'adoration , mon
ange , et que vous êtes une petite coquine dont je suis fol. Ah voilà· des
yeux contre lesquels on ne peut pas
tenir ! c'est une perfidie que cela ! me
voila pris et je vous aime à la rage.
Dis - moi, petite folle : un Financier
me vaut - il ? pourras - tu résister à ces
airs , cette taille , à . . . . ce baiser, re-
prenoit-il , en m'en appliquant un des
plus expressifs.

Pendant qu'il me serroit de la sorte,
mon Monsieur se promenoit avec un
air rêveur dans les appartemens , bais-
soit la tête en se frottant les mains. Je
m'apperçus qu'il jettoit de temps en
temps des regards maussades sur nous ,
je poussai le Comte pour le lui faire observer. Sans se découcerter , il changea
d'attitude , et dit au pauvre Rondain :
eh bien , mon cher ami , me recon-

nois - tu à mes folies ? si tu n'étois pas persuadé de mon attachement, tu croirois que j'en tiens pour la petite , mais j'aimerois mieux bruler que de faire pareil outrage ! trahir mon pauvre Rondain ! ajoutoit-il , en lui sautant au col, *perfider* mon cher ami ! ah ! j'en suis incapable. Cependant il me paroît que vous n'étes pas mal ensemble , reprit notre dupe , et si je ne me trompe . . . . Oh point, interrompit le Comte , ce que je lui disois te prouvera quel fonds je fais sur ton amitié pour moi , et sur son amour pour toi. Tu ne devinerois jamais de quoi je lui parlois ! oh je ne suis pas fin moi , répondit le Financier , et je ne me suis jamais fatigué la tête à deviner. . . . Eh bien , il faut donc te le dire , mais promets-moi avant , que tu ne me donneras pas la mortification de m'être trop avancé : car les gens de ma sorte n'aiment pas à se commettre avec tout le monde. Tiens, mon cher Rondain, j'ai des embarras par-dessus les yeux, tu me vois furieux, excédé, et sans un ami comme toi, je suis un homme perdu. J'exige absolument de ton amitié que tu joignes deux cens louis aux autres bagatelles que tu sçais. Monsieur Rondain alloit répondre quand le Comte l'interrompit, et lui dit : permets à mon amitié de l'interrompre, tiens, mon cher, je veux être *anihilé* si je ne te fais avoir un bon avant qu'il soit six mois. Songes que tu me réduis au désespoir si tu me refuses ce que je te demande. Ah, Rondain ne me le refusera pas, c'est un bon diable, continuoit-il, en lui frappant sur l'épaule, allons, ma reine, parlez pour moi, afin qu'il le fasse sur le champ. Le richard reprit vivement : sur le champ, sur le champ s'imagine - t - on que parce que je suis Financier, il n'y a qu'à se baisser et en prendre.... non parbleu, nous sçavons mieux qu'aucun autre ce que l'argent coûte. Tenez, vous ne sçauriez croire ce que j'ai dépensé pour cette petite créature - là ! il alloit en faire le détail quand nous l'interrompîmes par nos caresses : à la bonne heure, dit - il au Comte ; je veux bien encore sacrifier deux cens louis, parce que vous êtes mon ami, mais songez que l'argent nous porte intérét à nous autres, et que vous me promettez un bon. On réitera la promesse et l'on empocha l'argent sur l'heure.

Le reste de la journée n'eut rien d'assez intéressant pour être décrit. Je passe à d'autres objets ; plus ils sont diversifiés, plus ils amusent. J'ai dit que j'étois convenu de certaines heures pour voir mon Garde-du-roi, et j'aurois

dû dire que nous avions exactement
rempli nos conventions. Un jour qu'il
m'avoit donné plusieurs preuves de son
mérite, il voulut le mettre à prix, et
voici comme il le fit :

Quelle couleur aimes-tu, ma chère
amie? ... J'aime assez le bleu céleste ..
Eh bien, ma fille, je veux porter tes li-
vrées. J'aurai un habit de cette couleur,
mais il faut que Rosalie apprenne un
peu l'usage du monde et qu'elle se dresse
aux belles maniéres... Il s'interrompit
en cet endroit, et me dit ensuite : je
parie que tu ne sçais pas ce que je veux
dire. Je le sçaurai quand vous me
l'aurez appris, repris-je. Quoi, tu ne
m'entends pas? et tu ignores encore ce
qu'une maitresse doit à un amant de
mon état ? ... Oui en vérité, et je crois
que je viens de faire tout ce qu'on peut
éxiger ... mais écoute, c'est d'après
cela même qu'il faut penser à me dé-

dommager de ce que mes visites et mes peines pour toi prennent sur mes occupations, mes amusemens et mon embonpoint. Enfin, ma chère, tu passerois pour une avare, si tu ne te chargeois des frais de garde-robe et d'auberge d'un jeune homme qui t'amuse.

Le premier de mes amis a été l'intérêt, et c'est celui qu'on oublie le moins; il falloit le sacrifier et ce sacrifice me fit rêver. Tu réfléchis, Rosalie, me dit-il, c'est sans doute à la manière généreuse que tu employeras pour me tirer d'embarras, ou peut-être te trouves-tu toi-même sans argent. Va, ma fille, ton bon cœur me suffit, que cela ne t'afflige pas. Hélas oui, lui dis-je, je n'ai pour le présent que quelques louis. Je crus m'être débarrassée moi-même par ce faux aveu, et m'en congratulois déja quand mon Garde-du-corps me dit : ma poule, il me vient une idée : tu ne prends pas de tabac, je t'ai vû une fort belle boëte d'or, mettons-la chez madame la ressource, comment veux-tu, il faut bien s'aider de ce que l'on a, irai-je sans habit tandis que nous avons un bijou inutile ? mais Saint-Frai, repris-je, ne plaisantez-vous pas? Ah ! Rosalie, répondit-il, je parle très sérieusement... Quoi je vous donnerois une tabatière qui coûte plus de douze cens livres ! ... Eh ! qu'est-ce que cela pour un homme de ma sorte ? Allez, Rosalie, je ne suis pas cher, vous n'en trouverez jamais qui me vaille, au même prix. Je réunis en moi la complaisance, la valeur, et la gaité. Allons, allons ma fille, tu es trop raisonnable et trop bonne, pour vouloir me laisser dans le besoin, quand tu regorges du superflu ; je ne me serois pas attaché à toi, je n'aurois pas renoncé à des fortunes, si je n'eusse compté sur

la

la tienne. Eh bien, si elle te manque, tu me trouveras toujours au besoin. En disant cela, Saint-Frai coula sa main dans la poche à la tabatière et l'en tira. Elle est à moi, petite, me dit-il, hem? à cela je répondis, non, Monsieur, on me l'a donnée et je la garde. Eh que diable veux-tu faire de cette boëte? reprit-il en riant, elle est aussi grande qu'une valise! ... mais Saint-Frai, vous êtes fol, que me dira mon Monsieur? ... Oh je n'en sçais rien, mais nous verrons à lui répondre dans le temps. Allons, je l'empoche, car sûrement tu n'aurois pas la bassesse de me la reprendre. Aussitôt dit, aussitôt fait. Je veux me jeter sur Saint-Frai, il fait le contraire; et de manière que je passe tout-à-coup de la mauvaise humeur au plaisir; il fut de peu de durée; les regrets les plus vifs lui auroient succédé si je n'eusse été distraite par les

E

assiduités de mon maitre de musique,
de mon abbé et de mon avocat. Le
maitre étoit trop suffisant, le Robin
trop sérieux, le Garde-du-roi trop cou-
teux; l'Abbé étoit amusant, et ce fut à
lui que je voulus m'attacher le plus.
Je vins même au point de lui accorder
des nuits entières. Cet homme m'étoit
si nécessaire, il m'instruisoit sur tant
de matières, qne je ne pouvois donner
trop de temps pour prendre de ses leçons. Je fus cependant forcée de les
interrompre pour jouir des amusemens
que me procura le comte de G*** il
nous mena à sa petite maison, et ce fut
pour la prémière fois que je vis de ces
jolis temples de la volupté; nous y
fîmes des sacrifices, et tous les dieux
des plaisirs y reçurent nos offrandes.
La compagnie qui s'y rencontra étoit
bien propre à me donner l'exemple :
elle étoit composée de jeunes seigneurs

de la cour, et d'actrices de l'Opéra. Ces
dernières portoient les airs du monde et
de la liberté dans les manières à un
point de perfection qui me fit rougir de
mon ignorance. Je fus pendant plus de
quatre heures la seule qui n'osât s'amuser qu'avec son amant, et qui eût la
simplicité de traiter un homme de qualité de Monsieur. Mais comme je le
viens de dire, je suivis bientôt l'exemple, et je sortis professe d'une maison
où je n'étois cependant pas entrée no-
vice.

La qualité d'auteur me force à placer
de la morale, et un ton d'aisance
me permet d'en mettre de fort commune.
Je dirai donc qu'il n'est point de bonheur parfait, ou pour le dire d'une nouvelle manière, que le diable veille à la
porte des heureux pour troubler leur félicité. Je fus toute étonnée de voir mon
Financier diminuer de ses assiduités. Il

venoit moins fréquemment, et paroissoit toujours plus soucieux. Je lui en fis
des reproches, et y mêlai de la tendresse, avec tant d'art que je le forçai
de m'avouer qu'on lui avoit inspiré des
soupçons sur mon compte. Je le pressai
de m'apprendre de qui ils lui venoient,
et il refusa obstinément de me satisfaire.
Je courus le lendemain chez la Villers
pour lui faire part de mes chagrins; elle
m'embrassa, et me plaignit de manière
à me persuader qu'elle les partageoit
sincèrement.

Il faut t'attendre à le perdre, me dit-
elle, et tu aurois dû te munir de quelque ami qui pût le remplacer au besoin.
Aussi l'ai-je fait, lui dis-je. Alors je lui
fis le détail de tous mes prétendus amis.
J'attribuai à la prudence ce que je ne
devois qu'au libertinage. Tu as d'autant
mieux fait, me dit-elle, que je sçais
que ton Monsieur a une petite fille en

vue. Eh bien comment veux-tu faire ?
au défaut de ressource tu trouveras ma
maison et mes amis. Je remerciai bien
sincérement cette femme, et j'allois la
la quitter quand je vis entrer monsieur
Rondain. Il parut déconcerté à mon aspect, regarda une fille qui étoit là,
jeta la vue sur moi, et se mit dans un
coin de la chambre sans parler. La fille
répondit à son embarras par le sien
propre; elle rougit, nous regarda tous
deux, et baissa les yeux. Mademoiselle
Dargentière sortit alors d'une chambre
voisine, et m'embrassa avec affection.
Cette demoiselle me fit dans le plus
court espace de temps toutes les caresses
dont elle étoit capable.

Je l'ai dit, je commençois à raisonner : et cette faculté me servit à réfléchir sur l'air de joie et d'attendrissement qui se peignoit tour-à-tour sur le
visage de mon amie. Je l'invitai à diner

pour le lendemain , et voulus m'en aller , après avoir essayé plusieurs fois de
tirer mon enteteneur de la réverie où
il étoit plongé. Je le priai de me recon-
duire, et il le refusa de la manière la
plus brusque.

Je sentais ma fortune prète à déchoir,
et j'aurois été piquée de la voir éclipsée
sans qu'elle eût ébloui mes anciennes
camarades. Je me fis conduire dans mon
quartier natal , où j'en fis appeller
quelques-unes. Ce fut un spectacle
amusant pour moi, de voir quelle dis-
tance il y avoit déja entre l'état que j'a-
vois quitté , et celui que je venois de
prendre.

Qu'on se figure une jeune personne
magnifiquement parée, assise négligemment dans un fiacre à l'entrée d'un faux-
bourg, d'où viennent cinq à six filles,
dont les chaussures grossières font entendre au loin la cadence de la marche.

Eh quoi donc, est-ce que j'ai la barlue , c'est-ty là Rosalie Godeau ? dit *Julie* , mon ancienne camarade d'école. *Parguienne* oui , c'est elle; et com te v'là brave , mameselle Rosalie , reprends sa sœur *Babet.* Une troisième survient qui s'écrie : on diroit d'un ange dans un reposoir ? oh sûrement c'est que t'as cassé ton sabot, en vela les éclats sur ta robe. Enfin une quatrième s'avance à la portière , en disant : *gnia-ti pas* de danger? *pouvons-je* monter là-dedans ? Venez, mes amies, répondis-je , je suis plus riche que je n'étois, mais j'ai le même cœur. Ah.! tu n'as pas fait brèche partout , me répondit la plus dégourdie d'entr'elles, pas vrai, dis ?

Je souris et leur demandai des nouvelles da ma mère : Elle est là-bas qui écosse des pois, me répondirent-elles , va la voir; elle sera bien ébaubie de l'opulence de ta richesse , quoique ta tante Charlotte en a bien dégoisé : car elle a dit comça que tu n'étois.... Tu m'entends. Je n'ons pas la manigance du parlemantage, mais je sçavons minager un queuques-un.

Elles en étoient-là de leurs colloques poissards quand ma mère accourut, et s'écria en appuyant ses mains sur ses hanches : fille du diable, enragée, dévargondée, as-tu fait assez claquer ton fouet ; te vela donc toupie com' Sainte-Nicole. T'as sussé la dragée, tu n'en lâcheras pas l'amande. Tenez , ma mère, repris je avec un ton de douceur, la faute est faite , il faut la boire, et voilà de quoi , ajoutai-je en tirant dix louis de ma poche. Quiens-donc, reprit ma mère , crois-tu nous ébarlouir avec tes louis ? Oh que je ne mangeons pas de ce pain-là, le nôtre est paitri d'honneur : pour comble d'infortune, le cocher se tourna de mon côté, et me dit : Mademoiselle, vous me ferez plaisir de descendre, ces femmes-là vont briser mon carrosse, si elles se mettent en frais. Non, lui dis-je, ramène-moi promptement au logis. Les mères du cartier, les plus riches en honneur, et les plus fortes en langue, firent chorus avec ma bonne femme de mère à mon départ.

Sans mademoiselle Dargentière tous ces gens-là auroient raison, me dis-je en moi-même, mais elle a trop d'esprit pour se tromper, et je n'irai pas troquer ma fortune contre une sachée de pois. L'Abbé avoit si bien pallié mon libertinage, que je fus le chercher pour me raffermir dans ses principes et me consoler de mes chagrins.

Il y parvint facilement, et je dûs ma tranquillité à l'heureux talent qu'il avoit de changer la nature des choses, en changeant leur nom ; aux mots

d'honneur et de principes, il substitua
bientôt ceux de chimère et de préjugés.
Le plaisir étoit le seul dont il ne dimi-
nua pas la valeur, et qu'il réconnut
pour réelle. Il divinisoit cet être, et
ne sacrifioit qu'à lui. Il me mit de
moitié dans ses offrandes et me les fit
réitérer plusieurs fois. Nous l'honorâ-
mes de diverses manières, suivant les
différents attributs que nous lui recon-
noissions; la table et le lit furent les
principaux autels que nous lui éle-
vâmes; le dernier fut celui où nous of-
frîmes le plus d'encens. Nous en étions
encore enyvrés quand nous entendîmes
frapper à coups redoublés à la porte de
mon appartement; plus on a de tors,
plus on éprouve d'allarmes. Nous nous
levons précipitamment.

L'Abbé veut s'habiller à la hâte;
mais je lui dis d'emporter ses hardes:
j'en fais moi-même un paquet, je le lui

donne, et le presse de fuir dans mon cabinet de toilette. Tandis qu'il s'y précipite, je cours ouvrir ma porte. Il n'y avoit qu'un massif entreteneur qui pût indiscrettement venir ainsi à une heure de nuit, compromettre son amour-propre, ou interrompre le repos d'une jolie femme. Son indiscrétion me donna de l'humeur : je la lui fis bientôt sentir. Quoi, vous êtes sans lumière ! me dit-il. Je n'en avois pas besoin pour éclairer vos sottises, lui répondis-je.... Ah! ah! madame Rosalie se fâche..... Oui, Monsieur, et très-sérieusement. On ne s'est jamais avisé de venir, à l'heure qu'il est, perdre une femme de réputation dans son voisinage. Réputation est bien-là ! continua-t-il sur son ton grossièrement badin, il me sembloit que tu n'avois rien à démêler avec elle depuis que tu étois à moi.... ce n'est point à une fille de ma sorte qu'on

tient ces propos…. le diable emporte
si cela ne devient comique, je te crois
vraiment en colère. Je ne te veux pourtant pas quitter en brouille ; allons
Rosalie, remets-toi là ma fille, et sans
bruit, ni lumière, faisons la paix. En
disant ces mots il prenoit les privautés
requises en pareille circonstance; moi
je me défendois, je fuyois ; il combat-
toit et me poursuivoit. Dans nos débats
il s'approcha du cabinet, et je tremblai
que quelques soupçons ne l'engageas-
sent à y entrer ; ma crainte redoubla au
mouvement qu'il fit pour l'ouvrir. Où
voulez-vous encore aller ? lui deman-
dai-je, d'une voix entrecoupée ; faut-il
que tout le monde vous entende ?…
mais, un rien te fâche, ne vois-tu pas
que je vais chercher un bonnet de nuit ? .
c'est inutile, car je ne veux pas que
vous couchiez ici… oh tu ne veux pas!
Je te vais bientôt faire changer de ton,

et c'est trop loin pousser l'impudence ! ajouta-t-il en ouvrant la porte. Alors me voyant presque convaincue d'infidélité, je courus à lui pour lui demander excuse ! Ah ! mon cher ami, dis-je, en prenant ses mains, ne me perdez pas, je conviens de ma faute, je vous demande pardon. Il n'y a pas d'excuses à cela, reprit-il, tu n'auras plus tort quand tu me laisseras faire... faites donc, repris-je un peu remise, mais sur-tout point de bruit... ne t'inquiète pas, mais laisse - moi chercher mon bonnet... oh vous serez assez mal-adroit pour ne le pas trouver !... tu as encore raison. Alors je m'offris à le chercher moi-même, et nous tendions tous deux les mains sur la toilette. Il doit se trouver cependant, disoit mon stupide galant. J'étois sûre du contraire, car je savois l'avoir donné à l'Abbé. Comme nous nous occupions à le chercher à tâtons, et que mes mains rencontroient celles du financier, il s'écria : qu'est-ce ceci ? le voilà, et ce n'est pas toi qui me le tends ; eh qui voulez-vous que ce soit ? lui répondis-je en le poussant de toutes mes forces. Je sentis alors à certains gestes expressifs, que l'Abbé s'étoit caché sous la toilette, et que c'étoit de là qu'il avoit voulu poser le bonnet sur la table.

L'esprit d'une femme est toujours subtile à tromper. Il faut pourtant que je vous aime bien, dis-je à mon financier, pour souffrir toutes vos extravagances, mais je les reçois comme une preuve de l'amour que je partage avec vous, et je les pardonne. Que tu es gentille ! me dit-il, en me serrant dans ses bras. Vois un peu, ma chère Rosalie, comme ma passion me tourne la tête ! j'aurois juré sentir une autre main que la tienne. Ah que vous êtes fol, dis-je en riant ? Les plaisirs qu'il se proposoit de prendre, lui firent faire un jeu de mots à sa manière, sur l'épithète que je venois de lui donner ; puis il me prit la main et me reconduisit à ma chambre. Il me força de me recoucher précipitamment, et suivit bientôt mon exemple.

Je n'ai jamais pris le change sur ce qu'on appelle plaisirs ; et comme je ne donnois point un si beau nom aux caresses d'un entreteneur, je n'entreprendrai point de les décrire, d'ailleurs il m'arriva cette nuit assez d'évènemens pour l'occuper toute entière.

Las de ses travaux ou plutôt de ses efforts, mon financier dormoit profondément, quand j'entendis ouvrir la première porte de mon appartement. Je savois que ce ne pouvoit être que Saint-Frai, à qui j'avois donné une double clef pour lui fournir les moyens de s'acquitter de la tabatière d'or , et cet évènement me surprit moins qu'il m'embarrassa. Si je me levois, je courois les risques d'éveiller monsieur Rondain, je craignois qu'il ne me suivît; si je restois , l'approche de Saint-Frai pouvoit exciter d'autres inconvéniens ; en vérité la difficulté de jouir des plaisirs y met un grand prix. J'étois encore dans cette perplexité , quand le Garde-du-roi s'approcha de moi. Il voulut d'abord m'embrasser, mais je lui dis tout bas : mon monsieur est ici. A d'autres, répond-il en balbutiant, je sais bien qu'il n'y couche plus, et j'entends que celui qui y est déloge. Mais Saint-Frai, repris-je , je vous dis que c'est mon monsieur. Allons , allons , sans tant de façon, qu'on me cède la place, dit le Garde-du-corps d'une voix haute. Je réponds : Vous m'allez perdre tout-à-l'heure, mon cher. Il riposte, il y a long-temps que vous l'êtes, ma mie. Saint-Frai, mon fils... il n'y a point de Saint-Frai, ni de fils qui tienne, dit mon homme en éclatant; point de quartier, il me faut une oreille de votre galant : qu'il choisisse. A ce bruit, Rondain se réveille : qui est-là? demande-t-il tout ému. C'est le maître d'ici qui vient t'en chasser , lui répond - on ; me chasser moi? Allons, allons, mons le faquin, dit le Garde en ouvrant les fenêtres, il n'y a pas haut, et le voyage en sera moins long. Je me lève, je cours aux genoux de ce furieux. Otez-vous de là, Mademoiselle, dit-il, j'aime les exercices de corps, et votre galant va me servir de ballon.

Jamais financier ne fut téméraire, et le mien étoit le modèle de la prudence. Saint-Frai ne l'eut pas plutôt découvert, qu'il s'enveloppa dans les replis des rideaux. Rondain vouloit crier au voleur, mais la peur lui glaçoit la voix.

La colère des femmes n'éclate pas toujours contre leurs propres intérêts. Loin de montrer tout mon ressentiment à mon imprudent, je tàchois au contraire de l'attendrir. Pouvoit-il résister à la séduction d'une fille de mon état? Il me rendit les armes, et permit au financier de s'habiller. Celui-ci, tout saisi d'effroi, le fait à la hâte. Le vainqueur, glorieux de sa victoire, veut jouir de la vue de celui qui la lui abandonne; il appelle mes gens et demande de la lumière. Il ouvre toutes les portes, parcourt tout l'appartement, il n'y a pas jusqu'au cabinet du timide Abbé qu'il visite. Ce dernier prend l'allarme, il croit déjà se voir enfilé par la rapière de notre spadassin. Il se lève de sa cache, et tente l'impossible pour se sauver, par une porte vitrée qui donne dans l'anti-chambre; tandis qu'il fait des efforts aussi inutiles que funestes , mon laquais arrive avec une lumière , s'arrête dans l'anti - chambre , où il éclate de rire. Piquée d'une gaieté si déplacée , je cours savoir ce qui l'occasionne , et je vois. . . . je ris moi-même de ce tableau quand je me le représente , je vois mon pauvre abbé dont la tête étoit prise dans un des carreaux de la porte , comme un rat dans une trape ; plus il s'efforce de s'en tirer, plus il s'y embarrasse. Quoi morbleu , dit le Garde-du-Corps , le faquin se sauve , il se méfie de ma bonne-foi ! Eh ! par où a-t-il passé ? dit - il en entrant dans ma chambre. Mais le voici. Parbleu le champagne me fait donc voir double. Ah , ah ! s'écrie - t - il en s'approchant de plus prés , c'est donc là votre monsieur , mademoiselle l'impudente ? Eh depuis quand s'est-il fait abbé ? Son exclamation étoit fondée sur la méprise du Financier qui avoit endossé dans la frayeur et l'obscurité , l'habit de l'abbé pour le sien , parce que les mêmes causes m'avoient d'abord fait prendre des hardes à moi pour celles du porte-collet. Saint-Frai persuadé que c'est l'abbé , exerce sur lui la force et la vigueur de ses bras , de la manière la plus incivile. Eh ! je ne suis point Abbé ? s'écrie Rondain. Pour dieu , je demande grace ! Tu es donc le diable , répond le garde-du corps , en continuant son gaillard exercice.

Des trépignements de pied , et des cris que nous entendons dans le cabinet de toilette nous forcent d'y porter nos pas ; nous voyons le pauvre mignard qui avoit déja passé la moitié du corps à travers le carreau de vitre , et dont l'autre étoit couverte d'un de mes juppons, (sans doute de crainte de se blesser) Ah parbleu ! voici ma belle , dit le garde du roi , et je vais jouer à un joli petit jeu ; mettez-vous là , mignone , ajouta-t-il en me faisant passer à la gauche de l'abbé , et tenez ce flambeau. On ne contrarie pas impunément un Garde-du-corps ; j'obéis à celui-ci , il recommença alors un exercice , dont l'Abbé fut celui qui se divertit le moins ; il lui leva le juppon et le fustigea avec la plus scrupuleuse attention.

Jamais fantaisie de peintre ne fut aussi comique que cette scène , la larme à l'œil , le rire sur les lèvres , je me prêtois d'une manière équivoque aux cruelles poliçonneries de Saint-Frai. Partagé entre la fureur et la joie, Rondain faisoit une grimace , que son habillement semi-laïc , et semi-ecclésiastique , rendoit encore plus ridicule; St. Frai l'habit déboutonné , l'estomac découvert, frappoit en mesure d'un air tranquille et goguenard, que son yvresse rendoit plus singulier. Mon laquais et ma femme-de-chambre, qui se tenoient les côtés de rire à quelques pas de-là, formoient le fond de ce tableau ridicule.

Heureusement pour l'abbé, les bras du militaire n'étoient pas infatigables. Voilà ma partie finie, dit-il en s'étendant sur mon fauteuil de toilette, j'en abandonne l'enjeu à qui le voudra. Mes gens firent cesser ses plaisanteries en en détruisant la cause. On brisa la porte pour dèbarrasser le pauvre abbé, on lui rendit son collet et son habit, puis il s'enfuit, sans doute avec la certitude qu'il n'étoit pas venu en bonne fortune.

On s'attend à la fin de cette aventure. Saint-Frai se dégrisa, et se repentit des gaillardises de son yvresse ;

Rondain devint plus courageux à mesure qu'il se sentit plus fort. J'étois
l'anteur de tout ce tintamarre, je devois en être la victime. Quand il fut
grand jour, que tous mes domestiques
furent présents, que le garde fut bien
tranquille, le financier lui dit : monsieur, si j'étois plus méchant je tire-
rois vengeance de tout ce que vous
m'avez fait, mais je vous pardonne
vos petites vivacités, et vous abandonne de grand cœur la créature qui
en est cause. Je ne vous dispute nul-
lement vos droits sur elle, emmenez-
la, et pour dieu vuidez ensemble la
maison au plutôt.

Emportes-tu tes bijoux ? me demanda Saint-Frai ; l'économe financier me
dispensa de répondre, et lui dit : oh
pour cela je m'y oppose : rien ne sortira
d'ici. En ce cas, reprit le Garde-du-
corps, il est inutile que tu viennes avec

moi, il vaut mieux quitter ses amis
que de rester spectateur inutile de leur
misère, je n'ai que des vœux à t'offrir,
et je te souhaite une meilleure fortune ; adieu. A ces mots, il fait un
éclat de rire, une pirouette, et nous
quitte.

Je crois que jamais financier ne se
piqua de délicatesse. Celui-ci, ne se
fit pas de scrupule d'insulter à mon
malheur, et y mit le comble, je n'ose
le dire, en me faisant chasser par mes
propres domestiques. On eût dit même
que cette valètaille vouloit par-là se
venger des mauvaises façons que j'avois
eues pour elle.

Quel champ de morale ! Que de sujets de réflexion pour une ame mélanco-
lique ! Mais que dirois-je sur l'insta-
bilité de la fortune, sur l'ingratitude
des amis, que le lecteur ne sache aussi
bien que moi ! Me voilà à la rue, et

il

il est essentiel de m'en tirer. Où aller ? ce ne sera pas chez ma mère ; on
a vu qu'elle n'entendoit pas raillerie
sur l'article de l'honneur. Ma tante
Charlotte ne s'apprivoisoit qu'avec les
louis, et je n'en regorgeois pas : mademoiselle Villers étoit trop serviable
pour douter de son empressement à
me recevoir, et à travailler au réta-
blissement de ma fortune. Il me vint
en idée de passer chez mon avocat ;
mais je craignis ses morales. J'ai toujours pensé que les disgraces valoient
des leçons.

J'arrive chez la Villers, je lui conte
mon désastre. Elle me plaint de l'a-
venture, elle rit de ces circonstances.
Je me suis doutée, me dit-elle, que
cet homme-là en agiroit mal ; aussi
tu as eu tort, on conduit mieux sa
barque ; que ne donnois-tu tes rendez-vous ici ! il t'en auroit couté quel-

ques repas ; mais tu aurois épargné ta boëte d'or. L'amitié de mademoiselle Dargentière fut pendant les premiers jours ce qui m'aida à soutenir le poids de mes infortunes ; heureux si elle eût suffit pour m'en épargner de nouvelles.

Tandis que la Villers s'efforce d'excuser en ma présence les imprudences de ma jeunesse, elle se récrie en mon absence sur le libertinage de ma conduite, elle insulte même à mon caractère. Me voit-elle dans sa salle, elle m'étouffe de caresses, me sait-elle ailleurs, elle m'accable d'invectives.

Mademoiselle Dargentière m'aida à développer le caractére de la Villers. Tu as manqué, me dit-elle un jour, à un préalable nécessaire. Tu n'as rien donné pour ta rançon à cette femme. Elle t'a noircie dans l'esprit de Rondain, elle lui a inspiré des soupçons

sur ton compte ; ta conduite malheu-
reusement les a réalisés , et tu l'as mise
à même de regagner avec une autre ,
ce qu'elle perdoit avec toi ; cette autre te succède , et sera bientôt rem-
placée de même . . . Mais quel fond
dois-je donc faire sur ses promesses ?
beaucoup plus que tu ne crois , elle
gagne autant à te faire du bien que du
mal , et elle fera toujours l'un et l'autre
avec empressement, prends ton parti ,
profites de ses services et défies-toi de
ses trahisons.

De si bons conseils méritoient bien
d'être suivis , je promis de le faire et
tins parole. J'en rabattis cependant
ce qui me parut trop austère , et trop
opposé à mon goût pour les plaisirs.
Loin de vouloir m'en sevrer entiere-
ment , j'en réservai au moins assez
pour me dissiper. Ceux que pouvoit
me procurer mon avocat me parurent

même un choix fort raisonnable. Je le revis ; il joua avec moi le rôle convenable à sa façon de penser ; il m'exhorta par amitié à avoir une meilleure conduite à l'avenir ; et me reprocha par amour celle que j'avois tenue précédemment. Un moment ma situation me faisoit approuver sa morale ; un autre moment ma légéreté me la faisoit trouver insupportable.

Si l'on ne conserve pas toujours ses connoissances par inclination , on les ménage du moins quelquefois par politique , c'est ce que je fis avec ce moraliste. J'eus pour lui , par nécessité , les attentions que j'aurois eues pour un autre par amour. Comme je le croyois trop franc pour n'être pas dupe des apparences , je fus fort piquée de la manière dont il reçut ces mêmes attentions un jour.

Après s'être morfondu comme d'ordinaire à me moraliser, il étoit passé dans l'état de contemplation que son triste amour lui rendoit familier; j'allai à lui avec mon enjouement ordinaire; je lui dis et fis mille folies qui ne purent le décider; je crus remporter sur son cœur ce que je ne pouvois gagner sur son esprit : aux expressions les plus tendres, j'ajoutai les caresses les plus vives; inutiles tentatives; des soupirs, cette monnoie de dupes, furent le seul prix de mes avances. Si la coquetterie nous fait toujours rechercher, et rebuter celle des hommes, cette même coquetterie nous engage quelquefois à redoubler, et à outrer même celles que nous avons faites sans succès. Je ne tins pas mon soupirant quitte, je continuai à le flatter, je voulus même le séduire de plus d'une maniére. Mon projet étoit bien entendu; je prétendois ranimer son amour par mes caresses , et ensuite le désespérer par mes froideurs. Pour y parvenir je l'engageai à souper avec nous , je devois payer le soupé , et j'étois sûre que la Villers en seroit contente.

Je voulus à table m'emparer du dé afin de rendre la conversation agréable , et propre à amuser mon amant ; mais il me prévint , et la rendit instructive et savante. La Villers étoit une de ces femmes ordinaires , dont la conception est comme le timbre d'une cloche , sur lequel l'impression n'est que momentanée. Elle l'écoutoit avec attention , et paroissoit pour l'heure touchée de ce qu'il disoit. Mademoiselle Dargentière , qui n'avoit l'esprit faux que parce qu'il étoit foible , et qui ne savoit qu'établir des principes sans former de raisonnement , étoit aussi émerveillée de ceux de ce jeune homme. Pour moi, qui avois plus d'obstination que de jugement, et qui ne m'étois fait d'autre principe que de n'en point avoir, j'attribuois à l'esprit de cet avocat tout ce que lui inspiroit son cœur, et je me persuadois qu'il auroit soutenu aussi spirituellement le pour et le contre.

Je restai donc simplement fâchée au sortir du repas, qu'il eût servi à toute autre chose qu'à ce qui pouvoit flatter ma passion. Mademoiselle Dargentière fut bien différente de moi ; car elle eut un air de vivacité que nous ne lui avions jamais connu. Vous êtes digne de faire le bonheur d'une femme, dit-elle à mon espèce de philosophe, et vous méritez qu'elle fasse le vôtre ! Après bien des éloges et des complimens de part et d'autre, l'avocat voulut se retirer ; mais je le priai de me tenir encore compagnie et de

monter dans ma chambre , afin , dis-je,
de ne gèner personne. Il le fit , non
pas avec l'ardeur que j'aurois souhai-
tée , mais avec la politesse que toute
autre eût pu exiger.

Le feu des désirs combattu par la
retenue de l'amour - propre , excitoit
en moi un trouble violent. Je ne pouvois me contenir , l'agitation de mon
cœur en excitoit dans tous mes sens.
J'étois embarrassée de moi-même ; je
marchois au hasard dans ma chambre;
je fixois tantôt mes regards sur mon
amant , tantôt je les promenois sur
d'autres objets sans les voir ; je m'ap-
puyois sur la cheminée , j'allois m'asseoir sur une chaise et m'étendre sur
une autre. J'adressois des propos in-
terrompus à mon philosophe , je pous-
sois un soupir pendant sa réponse , et
ne l'entendois pas ; enfin je ne pus plus
y tenir et je lui dis : qu'allons - nous

devenir ? Je m'apperçus qu'il ne me comprenoit pas ; je lni en voulus tout le mal que ma coquetterie put exiger. Vous retirez - vous ? lui demandai - je. Dans l'instant , Mademoiselle , répondit-il , je n'attendois que vos ordres , et je vais les suivre. Vous sortez pour m'obéir , c'est fort bien fait ! m'écriai-je avec dépit. . . . mais , Mademoiselle , il me semble que c'est votre intention , et que je m'y opposerois en restant , me trompai-je? Eh non , Monsieur , non , vous ne pouvez vous tromper ! Que tardez-vous à me quitter ? qui peut encore vous retenir auprès de moi ? ... Ah ! ma chère Rosalie ! c'est l'amour le plus pur et le plus violent ! Que je serois heureux , si vous le partagiez avec la même délicatesse et la même force ! Vous restez donc à présent , repris-je avec le ton qui m'étoit propre. Si je ne suivois que mon penchant, me dit-il avec émotion, je ne sortirois pas que vous ne me chassassiez! Vous demeurerez donc, dis-je à voix basse, en procédant à ma toilette de nuit. Rendez-vous digne de votre bonheur, ajoutai-je avec un sourire voluptueux, aidez-moi. Il le fit, mais toujours avec un respect désespérant. Que ne fais-je point pour vous, repris-je encore en souriant, et en lui faisant un signe qui exprimoit la place qu'il devoit occuper cette nuit. Beaucoup plus que vous ne devez, dit encore mon triste soupirant. J'étois trop sûre de m'être fait comprendre pour ne pas parler clairement. Enfin il se mit à portée de satisfaire mes desirs, et je ne tardai pas à lui en montrer toute la vivacité; mais qu'il y répondit mal! et que j'eus lieu de rougir de mes avances! Le cruel ne fit même aucune tentative pour y répondre. Jeu de prude, manège de coquette, efforts de lubrique, dépit d'outragée, rien ne me réussit avec cet amant glacé. Il seroit encore plus difficile d'exprimer ma colère que sa tiédeur. Vingt fois je fus tentée d'éclater, mais j'immolai ma rage à mon amour-propre, et je m'y pris de la manière la plus douce pour savoir de cet homme la cause de son indifférence.

Mon amour vous est trop connu pour douter de sa violence, me dit-il; mais ce même amour est trop délicat pour vouloir tenir vos faveurs de la lubricité ; je veux, ma chère Rosalie, que le plaisir soit le prix du sentiment. Encore du sentiment, lui répondis-je, m'offenser de sang-froid pour une chimère. Ah ! ma chère amie, reprit-il, cette fausse opinion vous perdra, voilà ce qui fera le malheur de votre vie et de la mienne.

C'est bien à une fille comme moi, lui dis-je en l'interrompant, que l'on doit faire une morale aussi inutile qu'ennuyeuse. Ah! Rosalie, reprit-il, ne me reprochez pas le ridicule de mes conseils, je croyois les devoir à l'innocence de votre âge et à la simplicité de votre premier état.

Il sortit enfin aussi peu content de mon obstination, que je l'étois de son indifférence. Mademoiselle Dargentière me surprit comme j'étois encore dans les premiers mouvemens de mon chagrin. Les larmes me couloient des yeux, et je pleurois tout-à-la-fois, et sur la perte d'un plaisir que je m'étois promis, et sur l'affront fait à mes charmes. Les femmes ne sont pas avares de larmes pour pareilles choses. Mon amie me demanda

manda la cause des miennes. Je ne pus la lui cacher ; loin de partager mon ressentiment, elle sourit de ma sensibilité, et me dit que les gens de notre état devoient avoir une philosophie stoïque qui les mît au-dessus de tous les évènemens de la vie. J'eus bientôt après occasion de me rappeler ses conseils. Pour comble de mortification, mademoiselle Dargentière s'appliqua à faire l'éloge de mon cruel amant. Elle n'eût jamais fini de me vanter son esprit et ses sentimens, si je ne l'eusse priée de me parler d'autres choses.

J'eus moi-même bientôt des sujets intéressans de dissipation. La Villers avoit parlé de moi à un seigneur qui devoit, me dit-elle, venir me voir dès le même soir. Il fallut me mettre en état de le recevoir, de préparer avec le même soin, et l'ajustement, et la conversation du jour. Le goût de ce seigneur servit également à l'un et à l'autre. Il aimoit les airs indécens, les propos libertins, et je ne pouvois que le bien servir. Il en fut assez content pour entrer en marché dès le jour même.

Il faut faire nos conventions, me dit-il, et voir si elles vous plaisent. Je n'entends point qu'une fille que j'entretiens se prenne de belle passion pour moi, je veux qu'elle se borne à m'amuser ; qu'elle ne voye que moi ; qu'elle soit toujours gaie, complaisante et sédentaire. Il est encore d'autres choses sur lesquelles je veux vous prévenir. Il faut que vous sachiez que je suis obligé de ménager mon épouse, dont la sagesse mérite au moins des égards extérieurs ; que je ne puis refuser mes soins à une femme de la cour, avec laquelle j'ai lié une intrigue sérieuse, et que vous ne me servirez précisément qu'à me distraire de ces tristes occupations , et qu'à satisfaire mon goût pour le plaisir. Ce dernier article étoit le seul qui pût me rendre ce seigneur supportable. Nous convînmes que quelques jours après j'irois prendre possession , non de son cœur , mais de la fortune et de l'appartement qu'il me promettoit

Mademoiselle Villers n'aimoit pas le temps perdu , elle m'engagea à bien employer cet intervalle. Il y avoit alors à Paris un homme d'un gout singulier , et qui payoit cher ses bisarres plaisirs : elle me trouva propre à y contribuer , et m'engagea à aller chez lui. Le goût de ce vieillard montrera assez le rôle que je jouai avec lui. Il vouloit qu'une femme lui persuadât qu'elle étoit sage , et parût être riche en faisant une démarche qui prouvoit le contraire. Le bon-homme n'étoit pas d'âge à abuser de cette complaisance , et tournoit au profit de sa délicatesse prétendue, ce qui n'étoit qu'un effet de son impuissance réelle. La vue étoit le seul sens qu'il pût et sût satisfaire, et il le faisoit avec la lubricité, et la bisarrerie des gens de son espèce.

Tandis que j'achevois de me former sous la savante Villers, elle ménageoit les intérêts de ma fortune avec le seigneur dont j'ai parlé, et d'un autre coté on s'employoit de plusieurs manières à traverser mon bonheur. Mon avocat sans cesser ses assiduités, paroissoit mettre plus de froid dans ses propos, restoit même pendant des heures entières en silence, et ce qui est pis, oisif avec moi. Sans mademoiselle Dargentiere il n'eût jamais parlé ; elle sembloit prendre un intérêt extrême à tout ce qui le regardoit : elle se chargeoit du soin de nous reconcilier, ce qui arrivoit souvent depuis que ce jeune homme laissoit subsister la cause de ses tors avec moi.

Elle s'arrogea d'abord, avec ardeur, le titre d'amie de ce philosophe, et crut dès-lors, à la faveur de cette qualité, que les familiarités les plus libres devoient leur être permises. Je vis ce commerce sans m'en effrayer; je fus même admise dans leurs confidences, et je lisois les lettres qu'ils s'écrivoient, disoient-ils, pour l'amusement de leur esprit; mais je fus fort étonnée un jour de voir cette demoiselle changer tout-à-coup de sentimens pour mon amant, et travailler de tout son pouvoir à me le rendre odieux. Tout ce qui lui avoit paru digne de son amitié, lui paroissoit indigne de mon amour. Elle voulut absolument que je le congédiasse : pour y réussir, elle ne fit aucune difficulté de charger le laid portrait qu'elle me faisoit de lui.

J'étois déjà assez formée pour regarder ses soins comme suspects ; je m'appliquai à confirmer mes soupçons, j'épiai leurs démarches, et je sçus que s'ils se voyoient moins à la maison, ils se voyoient davantage dehors. Ce ne sont pas les femmes de notre espèce qui savent dissimuler leur ressentiment pour de pareilles perfidies. J'éclatai vis-à-vis de ma rivale, et nous jouâmes toutes deux, en cette occasion les rôles qui convenoient à notre état. Je mis beaucoup d'impertinences et d'aigreur dans mes propos ; elle mit beaucoup d'ironie et de hauteur dans les siens, les langues nous manquèrent, les mains nous servirent, et les cheveux furent de la partie.

Les spectacles varient sans cesse chez les courtières de Cypris. A cette scène, en succéda une autre propre à distraire ma mauvaise humeur. Plu-

sieurs commis dorés et veloutés vinrent souper chez la Villers ; à table on
leur parla du désordre de ma fortune.
Monsieur *Basset de Belle - Main*,
l'un deux, homme aussi singulier par
la noblesse de ses ajustemens, que par
la rôture de sa figure, s'offrit à m'entretenir. Je calcule, me dit-il, ma
reine, ici vos charmes bien mieux
que notre argent au bureau, et je
prouve, par règle de trois, qu'ils
doivent rendre cent pour cent de plaisir à leur fermier, passez-m'en donc
vîte le bail, et recevez cette bague
pour pot - de - vin. Sur le refus que je
fis de la prendre, un de ses amis me
dit : c'est un marché d'or ! Monsieur
Basset de Belle-Main, tel que vous le
voyez, a sans mentir autant de mérite
qu'un caissier : il possède son livret
comme barême, et est encore homme
de lettres : il fait tout seul nos états

de recette. Un autre s'écrie : eh ! mais aussi c'est qu'il sait lire couramment le François , le Latin et le Gothique ; à quoi notre sot ajouta : et de plus l'orthographe de Jacquier, Mademoiselle.

Pour m'assurer de ce lourd personnage , j'entamai avec lui la conversation suivante : (nous parlons tous deux) puisque Monsieur a tant d'esprit. . . . esprit est spirituel ! . . . il aura bien la bonté. . . . bonté vous-même. . . . de me transcrire. . . . . transcrire est bien dit ! . . . quelques chansons. . . . chansons ; ah oui, pourvu qu'elles ne soient point à vers longs et courts ; car, voyez-vous, il n'y a que cela qui m'embrouille, dame, il n'y a point de talens universels.

Monsieur porte l'empreinte de l'esprit , dit la Dargentière, et je suis bien trompée si je n'ai vu de ses ouvrages au Mercure. Vous avez pu y voir, lui répondit-il, une énigme, dont je voulois faire le sujet d'une tragédie en six actes ; mais notre état ne nous permet pas de nous amuser à ces misères-là ; et comme dit fort savamment un de nos fermiers, faites des bordereaux, morbleu, et non pas des vers.

Nous le flatâmes de toutes les manières ; on vanta la richesse de son habit, le goût de la couleur : alors il fut intarissable, et nous fit l'inventaire de sa garde-robe, nous nomma tous ses tailleurs, nous détailla toutes les modes ; puis il revint à notre bail, et me demanda si je voulois le signer : cela demande réflexion, lui répondis-je, en me sauvant dans ma chambre, pour me soustraire à ses balourdises.

Je m'en occupai en me couchant, et je rêvois encore à ce baudet de Plutus, lorsqu'on vint me chercher pour me

conduire chez mon nouvel amant, ou
plutôt mon nouveau maître. Je m'habille à la hâte, j'embrasse la Villers;
je m'élance dans le carosse, et je parts
accompagnée de deux hommes qui m'y
attendoient.

Vous êtes sans doute bien contente,
ma belle enfant, me dit l'un deux, en
me prenant les mains. Je ne me sens
pas de joie, répondis-je : ah ! vous
vous remettrez , reprit-il; l'autre nous
regardoit d'un air goguenard, et rioit
de notre conversation sans l'interrompre. Je trouvois la course longue, et
je m'impatientois déja de n'être point
arrivée ; je regardai par la portière, et
je dis : c'est donc hors de Paris que
nous allons? Oui, mon cœur, répondit
un de ces messieurs : on veut travailler
à votre santé, on vous mène pour quelque temps à la campagne. Quelle complaisance ! m'écriai-je : oh nous en

sommes paîtris, reprirent-ils; mais l'air vous incommodera, fermons les portières. Quelque chose que je leur disse, ils s'obstinèrent à les fermer, et continuèrent leurs propos ironiques et leurs regards malins. Bientôt après je compris au détour de la voiture que nous entrions dans la maison qui m'étoit destinée, et je m'empressai à vouloir descendre. Oh! les grands ne descendent pas dans la première cour, me dit l'un de ces gens, attendez que nous soyons au perron, et l'on vous y donnera la main. Enfin le fiacre arrêta, on ouvrit la portière, et je vis : oh ciel, quel spectacle pour moi! je jugeai sur les apparences que j'étois dans l'hôpital. Des soupçons, je passai bientôt à la certitude, et cette affligeante certitude me fait tomber la plume des mains. Jeunesse, beauté, talens, ne vaudrez-vous jamais la vertu!

G 6

ANECDOTE RÉCENTE.

Un jeune homme venu de son département, que sans notre nouvelle géographie je pourrois à plus d'un titre appeller *provincial*. . . . . Ce jeune ami, que je ne nommerai pas, vient tous les soirs au Vaudeville ; il y fait souvent des rencontres et des soupers, et il appelle cela faire des connoissances ; il a de la délicatesse et de la sensibilité, il ne lui manque que l'usage du monde ; il s'est laissé tromper par une coquine qui lui a donné la v. . . . . . ce qui a donné beaucoup d'humeur à mon jeune ami, et l'a même fait médire de la capitale. . . . Un soir, en proie à sa douleur, il étoit dans la loge sur le

théâtre : on chantoit *le Réveil du Peu-*
ple ; et comme il sentoit sa triste position, comme le peuple avoit senti la
sienne, il parodia ces couplets sans façon ; car ce n'est pas un Voltaire. ... ..
ensuite il se proposa de les jetter sur le
théâtre, ce qu'il fit encore. Le public
toujours curieux, cria : *Le billet, le*
billet. Un acteur parut et répondit sa-
gement au public, qu'on ne pouvoit
point lire le billet, attendu qu'il n'y
avoit point de commissaire au théâtre ;
et comme on venoit de jouer *Piron avec*
ses amis, un plaisant du parterre, dit
aussitôt : il est bien singulier qu'il
faille un commissaire, quand soudain
votre clerc en valoit trois. ... . Comme
il ne faut point tant de formalité pour
imprimer, voici tout au long la parodie
de mon jeune ami, que je vous récite
tout simplement, comme il l'a fait. Ces
couplets s'adressent aux filles en perru-

ques blondes, habituées au Vaudeville,
et notamment à Fanchette Tache-de-
vin.

> Peuple d'amours, peuple peu sage,
> Peux-tu voir, sans frémir d'horreur,
> Fillette quitter son village,
> Pour ici trafiquer l'honneur. . . .
> Tu souffres qu'un essaim volage
> Attiré par la volupté,
> Perde tous ses jours du bel âge,
> Et le trésor de la santé.
>
> Quelle est cette lenteur barbare ?
> Hâte-toi, peuple médecin,
> De rendre aux monstres du Ténare
> Tous ces poisons du sang humain. . . . .
> Si vous les touchez, la vérole,
> Grands dieux! vous abîme de maux. . .
> Faut-il que ce plaisir frivole
> Ne nous ouvre que des tombeaux.
>
> Qu'elles périssent ces impures
> Et ces malades dégoûtans,

Qui ne doivent qu'à leurs parures
Ce que leur ravage le temps. . . .
Charme flatteur de l'innocence,
Restez dans les bois , les guérets ;
Le jour tardif d'une imprudence
N'y cause pas tant de regrets.

Voilà déja que je frissonne ,
Le mal m'accable et suit mes pas. . . .
Faut-il qu'une aimable friponne
Sème et vomisse le trépas. . . . .
Oui, je jure à l'île Cythère ,
Par mon amour trop malheureux ,
De moins redouter le tonnerre ,
Que ce poison subtil , affreux !

Restaurateurs de la jeunesse
Mitié , Belloste et Laffecteur ,
Vous qui de l'imprudente ivresse ,
Détruisez les maux , la douleur ,
Suivez le cours de votre gloire ;
Vos noms chers à l'humanité ,
Volent au temple de mémoire ,
Sur l'aîle de l'immortalité.

Je suis bien fâché pour mon jeune ami, qu'il se soit mis dans le cas de monter sa lyre sur un aussi triste ton. Si, plus heureux, il y eût fait la rencontre des charmantes femmes dont nous allons parler, loin de psalmodier des jérémiades , il eût chanté l'amour sur le ton de Bernard.

Je serois tenté de croire que le créateur fit plusieurs espèces de femmes, ou qu'il y en a qui tiennent de la nature des anges ; car chaque fois que je vois Rolando , Fanchette ou Agathe , il me semble que je ne suis pas sur terre, mais bien dans les cieux , tant la société de ces trois femmes est délicate et agréable. *Rolando* est une des femmes les mieux proportionnées dans sa taille , elle a de l'embonpoint et une belle peau ; sa chevelure du plus joli blond , fait honte à toutes les perruques à la mode : on diroit que le dieu du goût, d'accord avec le dieu de la mode, ont fait la chevelure de Rolando pour servir de modèle à la coëffure des Grâces ; son caractère répond assez à sa beauté, elle a l'humeur douce, qui est variée chez elle par ces jolis caprices qui siéent si bien aux belles femmes. *Fanchette* est en brune ce que Rolando est en blonde ; elle possède un embonpoint qui promet le plaisir et appelle la volupté ; sa gaîté franche et naïve la fait aimer, elle fait un des principaux ornemens de la boutique de Dunoyer, qui a toujours été recommandable par le bon ton qui y règne, et la supériorité des tabacs de Virginie qu'on y débite, mais qui ne sont pas sa principale branche de commerce. *Agathe* est une de ces femmes extraordinairement agréables, possédant une physionomie heureuse, qui annonce les rares qualités de son ame. Si je voulois faire le portrait de *l'amabilité* au naturel, je décrirois tout ce que possède Agathe, qui séduit d'abord tout le monde par sa tournure, et qui enchante encore bien plus du moment qu'on a le bonheur de la connoître.

Si, nouveau Pâris, j'avois eu *la pomme de la beauté*, à partager entre ces trois jolies femmes..... j'eusse été bien embarrassé... mais voici comment je m'en serois retiré : j'aurois pris *la pomme de la beauté*, et j'en aurois donné la pellicule à Rolando, en l'honneur de sa peau blanche ; j'en aurois donné le cœur à Fanchette, symbole de sa bonté ; et j'aurois donné les pepins à Agathe, comme méritant bien les plaisirs dont ils sont le type... Mais quant à *la queue*, je l'eusse gardée pour moi, pour pouvoir l'offrir tour-à-tour à toutes les trois.

Portraits

de quelques jolies femmes de Paris.

Aglaé, âgée de vingt ans ; c'est la plus jolie brune , aux yeux bleus , que l'on puisse rencontrer : une fraîcheur et un embonpoint rare , sont chez elle des trésors de volupté , auxquels cède et l'éclat du lys et l'incarnat de la rose ; —— le charme que ses appas inspirent est doux comme la suavité de la tubéreuse , et son haleine a le parfum de la violette..... tant d'attraits sont une puissance irrésistible à laquelle nous succombons. A ces avantages précieux de la beauté , elle joint le plus joli caractère qu'il soit possible de trouver. La gaité, l'esprit, la naïveté, l'enjouement, les grâces, la décence et la malignité sont tour-à-tour employés avec art dans sa conversation qui fait le charme de la société ; ce qui fait que je ne connois qu'un bonheur pur dans le monde, qui seroit de passer ses jours avec l'aïmable Aglaé, qui sait aussi bien aimer qu'elle sait inspirer l'amour.

ROSINE, âgée de 23 ans, femme d'une charmante tournure et d'une physionomie des plus agréables, qui seduit au premier abord, et qu'on retrouve mille fois plus jolie encore en la détaillant ; brune, aux yeux gris vifs, ombragés de beaux sourcils noirs et bien marqués ; figure fine, sourire agréable, bouche moyenne et qui laisse voir de superbes dents ; le sein dessiné en poire, et les cuisses fermes et faites au tour : elle a la peau si blanche , qu'elle a des taches de rousseur , même en hiver. Son caractère est joli , et son parler a un accent gras qui intéresse.

GERMANCÉ. Je n'ai peut-être jamais connu le bonheur, car je n'ai jamais connu Germancé , ... c'étoit là ce que je me disois , bien tristement , en m'enfonçant dans les bosquets , chez Ruggierry , un soir qu'elle y étoit , parée d'une robe de linon blanc , avec des mouches vertes , où elle faisoit autant les délices du bal , que le tourment de mon cœur : je me figurois que Germancé possédoit toutes les voluptés que son embonpoint et sa fraîcheur annoncent · sa conversation , tout à-la-fois naïve et malicieuse , me l'avoit fait croire mille fois plus savante dans l'art du plaisir, que toutes les autres femmes ensemble ; et des désirs , ou plutôt des transports m'agitoient : j'aurois désiré

me prosterner à ses geuoux, lui peindre mon ardeur, carasser ses roses. ....
mais je fus me balancer sur l'escarpolette, ne pouvant faire mieux. . . . . .
Que j'aurois de plaisir à parler d'amour auprès d'elle !... Mais, hélas ! j'ignore l'art des amans ; et, d'ailleurs, je n'oserai jamais lui écrire ces belles choses, crainte que ma lettre ne se perde et que cela ne vienne à se savoir ; et je chante, comme la Fermière du Vaudeville :

> En fait de secret,
> Faut être discret ;
> Prudence est fille du mystère.

AGATHE, âgée de 24 ans, native de Paris. Cette aimable femme, qui a presque toujours été entretenue, en faisant le bonheur de celui assez heureux pour la posséder, est très-peu connue, parce qu'elle a peu couru. Agathe, jolie et bien faite, enchante par sa tournure : mais quand on lui

parle, on est invinciblement son es-
clave ; sa conversation est le plus rare
assemblage de sentiment , de folie et
de raison , qu'il soit possible de trouver : aussi Agathe sera-t-elle aimable et
aimée toute sa vie.

LOLOTTE, âgée de 19 ans ; c'est la
plus jolie blonde, tirant sur le châtain ,
que le ciel ait jamais créée ; son œil
grand et fendu en amande est enchan-
teur ; elle brille par de l'esprit sans
prétention, de la grace sans affectation ,
de la tournure qu'elle ne doit qu'à sa
jolie taille : son sein est le siège de
toutes les voluptés ; c'est là que les lys
et les roses se partagent la gorge la plus
ferme et la mieux tournée qu'aient jamais
dessinée les grâces. Ses appas cachés que
je n'ose dépeindre crainte de m'enflam-
mer, sont mille fois plus frais que la
violette au printemps : aussi tant de
charmes ont-ils fait bien des envieux ,

et il n'y a pas long-temps que trois ambassadeurs, tous trois barons, vouloient l'entretenir et lui prodiguoient l'or et les diamans ; mais Lolotte, dont la fidélité est sans exemple, les refusa; le berger qu'elle aime et qu'elle préfère est à Lyon, elle ne peut point en aimer un autre, son amour sincère, dans son cœur tendre et naïf, se décèle sans cesse : tant les principes sont puissans chez les femmes qui, comme elle, ont reçu une bonne éducation et sont d'une naissance honnête. Je ne tarirois pas si je voulois dire tout ce qu'il y a de joli et d'intéressant sur son compte ; car non-seulement elle possède toutes les grâces du bel âge, mais elle pince de la guittare, fait des chansons pour son ami, et joue la comédie avec autant de facilité qu'une actrice consommée! ...
Ah Lolotte, je suis forcé d'arrêter ma plume; car tout ce qu'elle te diroit d'a-

vantageux

vantageux seroit bien au-dessous de ce que tu mérites, et je borne mon plaisir à t'admirer : . . . . c'est bien dommage seulement que tn ne te laves jamais les mains.

DEGREVILLE, agée de 18 ans, très-jolie brune, qui a une physionomie et un caractère heureux, et dont la beauté souffre tous les détails, car elle a de jolis yeux, de jolis sourcils, un joli nez, une charmante bouche, garnie de dents dont l'émail surpasse la blancheur de l'albâtre. Cette jeune personne se met toujours très-coquettement et dans le genre honnête, comme autrefois se seroient mises les femmes de qualité : elle a un si bon ton, et tant d'esprit dans sa gaité, qu'elle fait sentir tout le charme qu'inspire la meilleure société : sa gorge, le siége des amours, est blanche, ferme et bien placée, et elle a deux très-jolis signes noirs sur le sein gauche.

DESPRÉS, très-jolie blonde, un peu marquée de petite vérole ; jadis on l'appelloit Sophie. Je ne connois rien au monde (pas même les grelots de la femme à Momus (dont la folle amabilité puisse être comparée à celle de Després ; sa gaité inspire autant d'amour que de tendresse ; c'est la folâtre Erato, parée des ceintures de Vénus, c'est la mère des amours et la compagne des grâces ; on sent près d'elle qu'il faut l'aimer , et l'aimer c'est être heureux, car quoique belle, elle n'est pas cruelle.

BEATRIX, âgée de 23 ans : on n'a pas une humeur et des manières plus jolies que cette femme, qui est bien bâtie et voluptueuse ; elle est brune , aimable, vive et enjouée ; elle a quelques colères de temps en temps, mais cela ne dure pas long-temps, et son premier sourire lui ramène toutes les graces et notre tendresse ; tout me plait en elle, mais ce qui fixe d'avantage mon attention, c'est le charme de son œil, qui inspireroit la vertu la plus froide, et feroit succomber le cœur le plus endurci.

SAINT-PERE, superbe brune, qui a de grands beaux yeux, un embonpoint rare, de la fraicheur, et un bon caractère, ce qui ne se rencontre pas souvent chez les jolies femmes. Mais Saint-Père, si aimable, a aussi ses foiblesses : car elle se laisse séduire facilement, et il n'est pas rare de lui voir donner rendez-vous à plusieurs amoureux dans la même soirée, ce qui fait que souvent aucun d'eux n'est véritablement heureux. Quant au reste, elle possède tout ce qu'il faudroit pour faire la féli-cité d'un homme.

URSULE, chataigne, assez petite, sans que cela lui fasse perdre de sa tournure. Cette femme a un genre absolument particulier et à elle ; son bonheur est de faire de mauvais complimens à ceux qui l'adorent : elle m'a dit plus de vingt fois que j'étois laid : .... elle m'a comparé à son petit doigt ; ....elle m'a dit encore beaucoup d'autres choses que, sans la décence qui doit régner en cet écrit, je me ferois un vrai plaisir de rapporter... Je lui ai déclaré l'excès de ma flamme, je lui ai dépeint mes ardeurs, je lui ai parlé de la sincérité de mon amour et en même-temps de la puissance de ses charmes ; à quoi elle ne m'a jamais répondu qu'en me riant au nez et en me disant *bah*, ... On croit peut être que cela m'a déplu ; eh bien ! non... Ursule, de ce caractère, est charmante ; et si elle ne répond jamais autrement qu'en riant, elle a alors deux jolis trous aux joues, d'où paroissent sortir tous les amours qui nous charment et nous enivrent de volupté, et qui sont plus précieux que ne pourroit être le plus beau discours.

BRINVILLE, très-belle brune dont la fraicheur est rare, parlant peu, assez douce, uu très-beau corps. Si nous avons un reproche à faire à Brinville, c'est de n'aimer rien encore, et de ne pas prendre cette gaité sans laquelle les amours ne sont pas aussi séduisans : .... J'aimerois cependant une femme de son caractère : la mélancolie a des charmes pour les ames sensibles. . . . . . Heureux qui sait les goûter dans la paix ; c'est là que le bonheur se fixe par la constance.

CÉCILE âgée de 19 ans, grande et

belle femme, d'un caractère très-gai, fort joli tournure, amie intime de la belle Lolotte.... Cette femme est une de celles qui ne s'épargnent rien pour la toilette; on donneroit dix bals par décade, qu'on ne l'y voit jamais deux fois avec la même robe. Elle a chez elle un *forté-piano*, mais elle n'aime pas à en toucher, cela l'ennuie; elle préfère *à tirer les cartes*, ou taquiner quelqu'un et disputer pour rire: car elles est si joviale, qu'on n'a jamais su auprès d'elle ce que c'est que la mélancolie.

S A I N T - F A R T. Tout le boulevard du temple a ressenti des exploits de St.-Fart, qu'on avoit surnommée le chien hargneux, tant elle étoit crane. On l'a vue plus d'une fois, quoique parée de diamans et de dentelles, la pantoufle à la main, battre

les coquines qui ne lui plaisoient pas ,
ou qui regardoient son amant. Saint-
Fart a un de ces embonpoints voluptueux qu'on aime ; le lys n'est pas
plus blanc que ses cuisses ; le satin
plus doux et la violette plus fraîche
que ses appas; ses joues ont l'incarnat de
la rose , et lorsqu'elle rit , elle a de jolis petits trous où sont nichés mille
amours ; elle est l'aménité même avec
ses amans et possède toutes les qualités nécessaires pour faire une charmante maîtresse.

JOSEPHINE , âgée de 23 ans , brune
piquante. C'est un petit luttin pour
l'esprit et la gentillesse , connoissant
tous les jolis petits moyens de l'amour ,
sans en venir au but , attendu qu'elle
a toujours eu peur de la maladie que
Mitié guérit ; aussi peut-on se fier à
elle. C'est une jolie connoissance pour

un jeune homme : car elle n'est pas ca-
pricieuse ni contrariante, et aime assez
à se promener tranquillement avec son
ami, et à rentrer chez elle paisible-
ment, comme deux époux feroient après
six mois de mariage.

SUR les bords de la Seine, entre
Paris et Charenton, est une créature
d'une taille plus masculine que fémi-
nine, de grands yeux effrontés, une
poitrine sèche et plate, des tétons
oblongs et ridés, une peau pâle et li-
vide, remplie de taches jaunâtres, le
fruit de sa chasteté; voilà des traits
auxquels tous les curieux pourront reconnoître la grande MARIE. Sa conversation est charmante; ce sont toujours
des riens dits avec esprit. Elle est d'une
gaieté sans pareille, pourvu cependant
qu'elle soit au milieu d'un grand cercle
de prétendans, qu'elle a le rare talent
de rendre tous contens. Il est vrai que

chacun est sûr d'obtenir ce qu'il veut,
et souvent même ce qu'il ne veut pas ;
mais il en est quitte pour six semaines
de régime, quelques écus de six livres
au chirurgien et à l'apothicaire ; je
crois même que notre dame paye tout.
Une garde-du-roi, un de ses premiers
et nombreux amoureux lui aura sans
doute donné à cet égard des préceptes
qu'elle n'a point oubliés. Elle a eu depuis des maîtres de forges, un clerc de
notaire qu'elle habilloit depuis les pieds
jusqu'à la tête, en lui payant tous les
jours le spectacle ; un commissaire des
guerres qui lui soutiroit, toutes les semaines, quelques louis dans le temps
de la plus grande rareté du numéraire ;
un architecte trop laid pour avoir autre
chose que la table : et c'étoit beaucoup ;
car il mangeoit comme quatre. De plus,
il ne se faisoit pas un scrupule de lui

prendre des fichus, dont il se fai oit des cravattes.

Nous lui conseillons bien de toujours porter, quelque puisse être la mode, des robes trainantes, et de ne pas laisser voir, en montant dans son cabriolet, une jambe qui n'est pas arrondie par les grâces.

Ses enfans reçoivent une excellente éducation. Elle ne cesse de dire au précepteur : « je veux que mes enfans soient libertins ».

Nous terminerons son article, en lui accordant une charmante tournure, beaucoup de générosité et une adresse extraordinaire à persuader à son mari qu'elle est de tout Paris la seule épouse fidelle.

F I N.